KB197083

오! 한강(하)

독재와 투쟁 (1960년~1987년)

오! 한강 (하)

독재와 투쟁 (1960년~1987년)

글 김세영 · 그림 허영만

가디언

| 일러두기 |

1. 이 작품은 1987년 전문 만화 잡지 《만화광장》에 2년에 걸쳐 연재되었습니다. 1988년 원정출판사에서 일부를 단행본으로 묶고, 같은 해 도서출판 타임이 완간했습니다. 이후 1995년 팀매니아에서 재출간된 바 있습니다.
2. 이 책에서는 작품의 문학성과 시대상을 고려해 원작 그대로의 느낌을 살려 교열했습니다.
3. 부록은 편집부가 엮었습니다.

차례

작가의 말 _2019년 3월

지난해
남북 두 정상이 손을 잡고 판문점 군사분계선을 넘나드는 장면을 보며
우리나라가 70년이 넘도록 분단국가였다는 걸 실감했다.

너무 오랜 시간이 지났다.
이러다간 남과 북이 함께 살았던 기억을 가진 사람들이 모두 죽고
우리의 아들딸들은
애초부터 남과 북이 다른 나라였다고 생각할지도 모르겠다.

일제강점기를 지나 6·25 전쟁을 겪고도 모자라
우리는 험한 길을 걸었다.
4·19, 5·16, 12·12, 5·18, 6·29….

두물머리에서 남한강과 북한강이 合水되어야
비로소 한강이 된다.
저어기 희망이 보인다.

　　　　　　　　　　허영만

작가의 말 _1995년 12월

나는 8·15 해방과 6·25 전쟁 중간에 태어났다.
80년대에는 신세대와 기성세대 사이에 서 있다는 걸 느끼면서
옛 얘기가 완전히 잊히기 전에 아래로 전해줘야 할 의무를 느꼈다.
그래서 《오! 한강》을 그렸다.

당시 시대적 배경이 지금 같지 않아
좀 더 깊이 다루어야 할 내용들을 쉽게 넘어간 아쉬움이 남아 있다.

하지만 방 벽의 못에 걸려 있는 옷들의 먼지가 타지 않게
덮어놓은 가리개를 기억해내 그리면서
옛 추억에 푹 빠졌던 그때를 생각하면
지금도 즐겁다.

허영만

다… 당신
뭘 하고
있는 거예요?

다시 시작해야지!

여보, 모두 태워버릴 필요까진 없잖아요! 놔두면 돈이 될지도 모르는데….

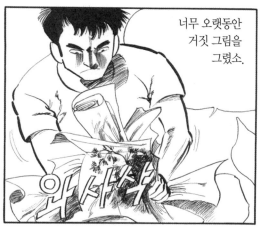

너무 오랫동안 거짓 그림을 그렸소.

당신이 언젠가 그랬었지! 고흐나 고갱처럼 돼보라고….

나는 인자 당신을 굶겨 죽일 각오까지 돼 있소.

당신 언제 돈 벌어 오셨어요?

나는 손부터 시작했다.

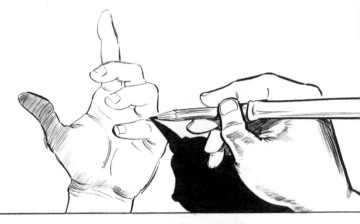

그것은
나의 무의식 깊은 곳에
억눌러두었던 주제였고,
언젠가는 정면으로
마주해야 할
주제였다.

포로수용소의
악몽과 공포가
되살아났다.

그러나 이제는
극복해낼
자신이 있었다.

난 참~
이 형이 부럽소.

예술을 이해하는 여자를
마누라로 얻는다는 게
어디 쉬운 일이오.
여복이 있어도 단단히 있는 거지.

오해하지
마시오 잉~

여자에겐
예술에 대한 감수성이 없다고
쇼펜하우어도 말하지 않았소.

이해심 없는 여자가
저렇게 묵묵히
온갖 고생을
감내한단 말이오?

나 아내한테 중요한 것은
나가 무엇을 그리냐가 아니라
나가 얼마나 유명해지나
하는 거요.
소위 허영심이라
하는 거지….

세상엔 그런 허영심 가진
여자도 몇 없더이다.

자! 우리 가서 대포나
한잔 합시다. 인간의 모든
허영심을 위해서….

당분간은 안 마시기로 했소.

뭐?

일 년 내내
손만 그렸다.

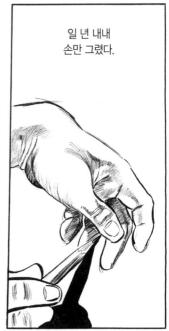

손에 대한 믿음….
손에 대한 희망이 생겨나기 시작했다.

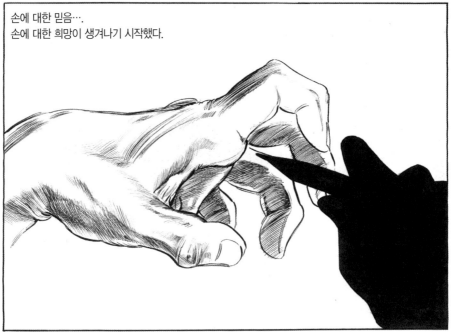

이 형! 그림도 좋지만 언제까지 방 안에 틀어박혀 있을 거요? 이승만이 하야했다는 소식 들었소, 못 들었소?

이승만이 하야했다고? 허 참…. 그리고 봉께 신문 본 지도 꽤 오래됐네 잉~

마치 우리의 운명을 움켜쥐기라도 할 듯한 손가락이군.

좋소! 사회에 대한 무관심은 내가 용서해주리다.

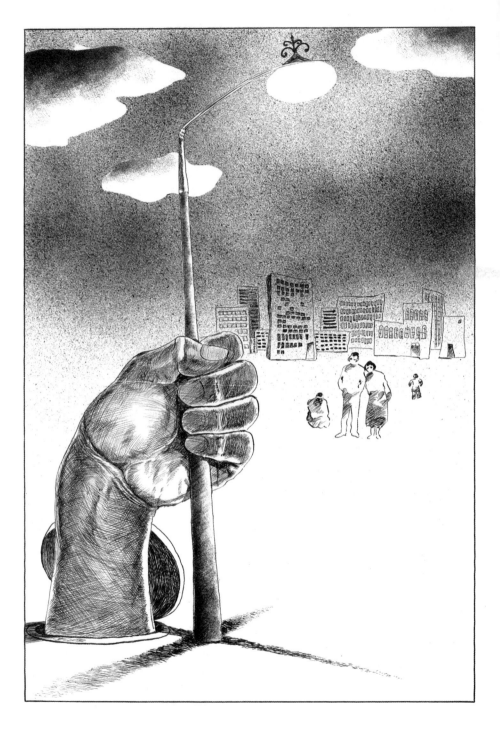

자넨 서양화도 잘 그리는군.

죄송합니다. 선생님 뜻을 잇지 못해서….

왜 국전에 출품하지 않나?

아직….

요새 뭔 일이 있었당가요? 혁명인가 뭔가로 어수선한 모양이든디.

자넨 어디 외국에라도 다녀왔나?

말이 좋아 혁명이지, 쿠데타라네.

희망을 버렸음에도 불구하고
나는 다시 절망해야 했고
나의 한계를 인정해야 했다.

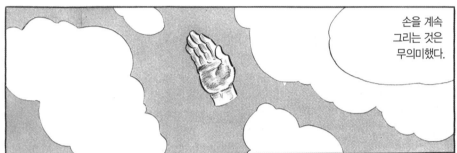

손을 계속
그리는 것은
무의미했다.

초현실주의도 추상주의도
갑자기 어린애 장난처럼만
여겨졌다.

나는 더 이상 그릴 게
없었으므로
더 이상 화가가 아니었고,
화가가 아닌 나는
살아 있는 존재일 필요도
없었다.

OIL COLOUR

나는 죽은 것이었다.
나뿐만 아니라
모든 사람이 죽어 있었고
거리도 죽어 있었다.

숨을 쉬는 것, 움직이는 것,
그것은 기계적인 반복에 불과했다.

이 시대를
살아가기 위해서는
꿈을 버려야 한다.
그렇다면 남는 건 물질
그 자체뿐이다.

나는 사물에 대한
모든 시각을
잃은 게 아닐까?

사물은 그저 사물일 뿐
내 눈에 보이는
그 이상도 그 이하도 아니다.

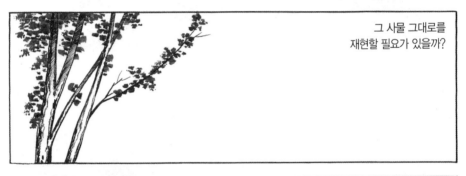

그 사물 그대로를
재현할 필요가 있을까?

그거야말로
허무한 도로 아닌가!
꿈도 없고 개성도 없는
그림을 그릴 바에야
차라리 사진을 찍는 것이
더 정당한 일
아닌가!

그래도 나는
그려야 했다.
내가 살아 있는
기계라면
그림을 그리는
기계여야 하니까…

이해할 수가 없군.
도대체 무슨 꿍꿍이요?
다시 사실주의 시대를
열려는 거요, 아니면
기초 공부를
다시 하는 거요?

원점에서 다시 시작할 뿐이오.
우리나라 정치 모양으로….

존경해야 할지
비웃어야 할지 모르겠소.

돈 좀 없는가?
카메라 한 대
있었으면
좋겠는디….

기다려보세요.
어떻게든 만들어보겠어요.

나는 유언을 쓰는 기분으로
작업을 계속해나갔다.

철저하게
비개성적이고,
사실보다
더 사실적인 그림.

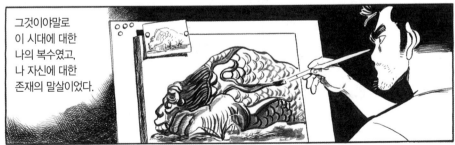

그것이야말로
이 시대에 대한
나의 복수였고,
나 자신에 대한
존재의 말살이었다.

22

태양은 기계처럼 뜨고 지고
나도 기계처럼 낡아갔다.

어떻게 돈을 모았는지
아내는 양장점을
개업했고

그해 나는 국전에 입선했다.

이 화백님이시죠? 전 배양섭이라고 합니다.
미술 평론을 공부하고 있지요.

선생님 그림 인상 깊게 보았습니다.

고맙소.

사진보다도 더 세밀하게, 사실보다도 더 사실적이라서 오히려 비사실적으로 보이고 모든 감정을 배격함으로 해서 오히려 감동을 주는 그림이더군요.

어떻게 해서 그런 화풍을 갖게 되셨는지?

글씨요…. 이 시대가 무감동한 시대고 나 자신도 무감동한 사람이라서….

밀크

혹시 근래에 미국에 다녀온 일이 있으십니까?

없습니다. 그건 왜?

사실은 제가 얼마 전에 미국에서 그 비슷한 그림들을 보고 왔습니다.

밀

평범한 일상적 소재를 지극히 객관적이고, 중심적이고, 비감동적으로 차갑게 그린 그림들이죠. 미국에선 '하이퍼 리얼리즘'이라고 부르는데 요즘 급속히 번져가고 있는 조류입니다.

그래요?

모르고 계셨단 말씀입니까?

글쎄~ 저는 전혀….

놀라운 일이군요. 미국의 사회생활 역사와 전통 미국인의 의식구조로 볼 때 그런 비극적 미술 형태가 생겨난 것에 긍정이 갑니다만

왜 우리나라에서, 더욱이 화단에 이름도 없는 무명 화가에게서 같은 기법의 그림이 자생적으로 창출될 수 있었는지 매우 궁금하군요.

미국의 비극이 곧 우리의 비극 아니겠소. 모든 문화가 수입되고 모방된다는 것부터….

그렇군요.

다음 해에도
나는 입선을 했다.

그리고 1972년 10월 유신이 있었다.
그로 인해 나는 더욱 무감정한 사람이 되었으며,
덕분에 더욱 무감정한 그림을 그릴 수 있었다.

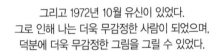

特選

이강토 "자갈"

아빠! 전화 받으세요.

이강토 선생님이세요?

예! 누구십니까?

혹시…
안영자란 분
모르세요?

엄마가
위독하세요.

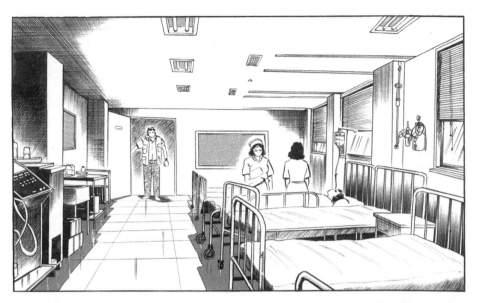

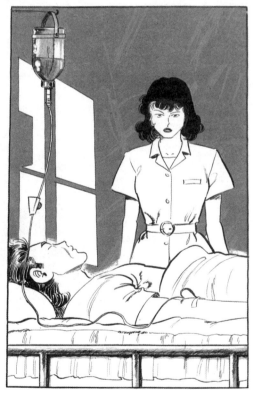

서… 선생님….

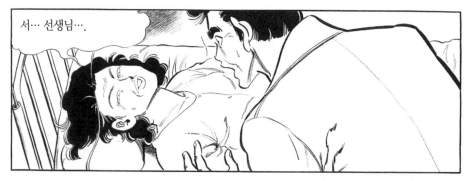

왜, 왜 그렇게 떠나셨는지…
말씀해주실 수… 있으세요?

부끄럽소. 나… 나는….

여… 역시 그랬군요.
그렇죠?

그랬소.

저는 한 번도 배신 안 했어요.
그 후로도….

수년 전부터
신장염을 앓아오셨어요.
앞으로 열흘을
못 넘기실 거예요.

일주일 전
신문에 나셨더군요.

그래,
왜 인자
연락했지?

저는 선생님이 엄마의 임종에
입회하실 자격이 없다고 생각했어요.
지금도 그렇구요.

엄마는 선생님 얘기를 자주 하셨었죠, 귀가 따갑도록….

그래서 연락했던 것뿐이어요. 엄마에게 죄를 짓는 것 같아서….

죄는 나가 많이 지었지.

참! 너 이름도 안 물어봤구나….

민희예요. 성은 안(安)이구요. 하지만 앞으로 부르실 일이 없을 거예요.

석 달간 입원해 있었으면 치료비도 꽤….

신경 쓰지 마세요.

야스코는 정말 열흘을 못 넘기고
세상을 떠났다.

야스코….
어처구니없을 정도로
불행했던 여자.

미리 말씀드리고
싶은 게 있어요.

저에게 함께 살자느니 도와주겠다느니 하는
말씀은 안 해주셨으면 고맙겠어요.

어머닌 나한테
너를 부탁한다고
유언을 남기셨다.

저에겐 늘
꿋꿋이 살라고
말씀하셨어요.

엄마는 선생님이
북한에 계신 줄로
알고 계셨었어요.
그때까지만 해도
전 착한 어린애였지요.

그런데
십 년쯤 전인가
엄마는 선생님이
서울에 있는 것 같다는
말씀을 하셨어요.
누군가 아는 사람을
만났던 모양이에요.

그때부터 전 비뚤어지기 시작했고,
선생님을 증오하기 시작했어요.

그러나 이젠
아무 상관도 없어요.

어차피 제게
아빠라는 존재는
없는 거니까요.
자존심이 강해서
비뚤어진 마음을
바로잡고 싶은
생각도 없구요.

나는 아내에게
모든 사실을 털어놓았다.

그럼 집으로
오라고 하세요.

당신 신중히
생각해본 것인가?

뭐 조금 거북할진
모르지만 어차피
시집갈 때까지밖에
더 있겠어요?

당신은 오빠를
꼭 닮았구먼….
박력이 있어.

민희 그 애…
나헌테 미움이
사무친 것
같든디….

차츰
나아지겠죠,
뭐~

예! 여기 주소가 있군요. 직장 전화번호도 있고….

안민희 씨요? 석 달 전에 그만두었는데요.

이사 갔어요.

엄마가 죽고 나서…. △△아파트로 간댔지, 아마?

동수요? 그건 모르겠네요.

글쎄요~ 17동 302호에
한번 가보세요.
그 비슷한 아가씨가
이사온것 같은데….

아파트 석 동에
관리인이
한 사람뿐이니 원….
그나마
없는 데도 있고….

실례합니다.

아까 문 꼭 닫지
않았어요?

글쎄…

불현듯…
옛날의 악몽이 되살아났다.

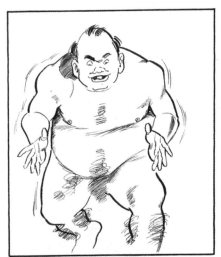

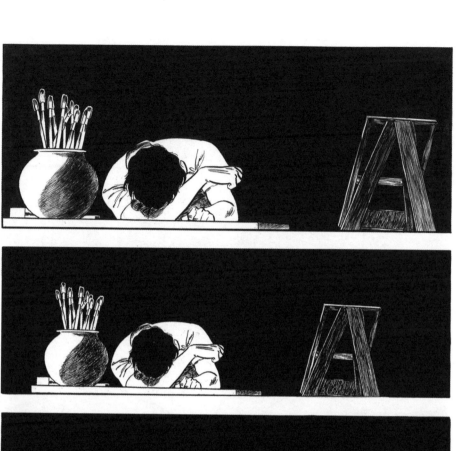

어머니 치료비를 만들다
그렇게 된 거라면
이해해줄 수도 있다.

이해하지 마세요.
전 그렇게
감상적이지 못해요.

연애를 한다든가
사랑을 하는 것은
너 자유다.
나도 그렇게 했었다.
그런디….

선생님은 우리 모녀가 어디서
어떤 고생을 어떻게 얼마나 겪었는지
아시지도 못하고 느끼시지도 못해요.

지긋지긋해요. 한 번뿐인 인생
그렇게 살아야 한다면
전 차라리 지옥을 택할 거예요.

돌아가신 어머니가
어떻게 생각할지 생각해봤냐?

선생님은
공산주의자셨다면서요?
지금도 그러신가요?

저는 성격상
자유주의자예요.
그게 공산주의보다
더 나쁘다고
생각지 않아요.

저를 때리실 건가요?

나가 니 아버지가 아니더라도
어른 앞에서 할 말이 있고
못할 말이 있는 것이다.

죄송해요. 하지만 저도 최소한의 예의는
갖추려고 애쓰는 중이라는 걸
알아주세요.

저는 술도 마시고
골초예요.

이렇게 한 시간 가까이나
참고 있으려니 힘이 드네요.
그만 가세요.

그래, 가마!
니가 늙은이를 사랑허든 문둥이를 사랑허든
그건 큰 잘못이 아니다.
그러나 돈을 받기 시작허든
네가 여지껏 해온 고생은
모두 헛고생이 되는 것이다.

그리고 또 한 가지
니가 나를 그렇게 괴롭히려고 애쓴다는 것은
바로 그만큼 나의 사랑을 원하고 있다는 증거 외에
아무것도 아니란 것을 명심하거라.

그 말씀이 진실이라고 생각되면
언제고 아빠 품에 안기겠어요.
기다려보세요.

그 말솜씨나 행동거지로 보아
민희는 어느 정도 깊이의 지식과 사고를
갖고 있는 게 분명했다.

그런데 그만한 수준의 사고 속에
어째서 윤리 의식은 결여되어 있는가?

아무튼 석 달이 지나도록
전화 한 통 없었고 내가 찾아갔을 때는
이미 거주지를 옮긴 뒤였다.

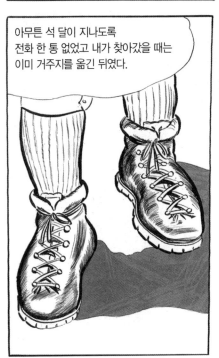

나는 내 개인적 책임이나 타락한 물질문명을
추궁하기 전에 또 한 번 내 인생의 패배를
인정하지 않으면 안 되었다.

48

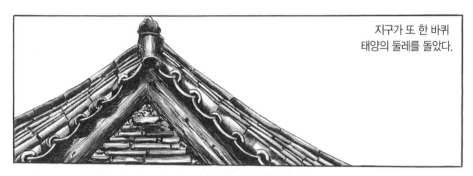

지구가 또 한 바퀴
태양의 둘레를 돌았다.

나는 무기물뿐인
내 그림 속에 갇혀 살았고,

구용회는 감옥을 드나들며
반체제 시인이 되었다.

얼굴 보니 반갑소.
난 이 형만 보면
막걸리 생각이 난단 말야!

막걸리 시대는 끝났소.
우리들 젊음과 함께….

언제 나올 셈이오?

글쎄… 저 양반이
죽을 때 쯤이면 내보내주겠지.

참, 그런데 말입니다, 이 형!
우리 둘이 죽산 선생을 따라다닐 때
말이외다.

이 형은
사회주의가 실현되길
바랐던 거 아니오?

그랬었지.

그런데
내가 바란 건
민주화였단
말입니다.

사회주의나 민주화나
그것이 그거 아니오?

ㅎㅎㅎ~ 그건
우문현답이로군.

생각해보니 우리 둘은 아무런 주의자도 아니었던 것 같소. 주의에 대해선 ×도 모르고 날뛰었다 이 말이오.

이 형이나 내가 원한 건 다만 독재와 불의와 부패의 영원한 종식이 아니었나 싶소. 안 그렇소?

그것이 그거라는데 왜 자꾸 따지시오?

같은 역사가 자꾸 되풀이되기 때문에 따지는 겁니다.

참! 이 형은 언제 출감된답니까?

?!

이 안에서 보자면 그쪽이 감옥이니까…

구 형, 미술하고 정치하고는 무슨 역학 관계가 있답니까?

이 형 말대로 그게 그거지 무슨 역학이고 나발이 있겠소?

그랬었군! 그것이 그거였어.

그것도 모르고 난 왜 정치인들이 미술가나 음악가에게 상을 주는지 이상하다고 생각했었소.

이 형! 이번 국전에 대통령상이라도 받으신 거 아니오?

대통령상은 사양했소. 악수라도 하자고 그러면 곤란형께~

하하! 이 형도 속물 다 되었구료! 우리 건배 한 잔 합시다! 저 간수 아저씨를 위해서….

이강토 "자갈밭"

이봐! 조 형사…
조봉암이 누구야?

알 게 뭔가?

죽산도 좋고 죽상도 좋지만
학생이 공부를 해야지! 사회질서를
어지럽게 만들어서야 되겠어?

수고하십니다.

이 학생의 보호자 되십니까?

그렇소.

아드님께서 시위에
참여한다는
사실을 알고 계셨나요?

크게 걱정하실 건 없습니다.
반성문만 한 장 쓰면
훈방 조치해주겠다는데도
고집을 피우는군요.

뭐 더
좋은 생각이라도
있는 거냐?

반성문이란 거 부도수표와도 같아
아무런 법적 구속력이 없는 것이다.

그래, 네 말은 옳구먼….
나 같아도 반성문 같은 건
쓰지 않겠다.

제 자존심 부도나는 건
어떻게 하고요?

60

다음에 또 들어오면
단순 가담이라 할지라도
쉽게 풀려나가지 못할 거야!

오늘 있었던 시위에서
학생들이 던진 화염병에
승용차 한 대가 불타고
전경 대원 6명이 중경상을 입었습니다!

그럼 여기서 잠깐
시민의 반응을 살펴보기로 하겠습니다!

도저히 이해할 수가 없구만요!
데모를 하려면 거시기 학교 내에서 할 것이지
왜 거리로 나옵니까?

우리같이 하루 벌어 하루 먹는 서민들은
어떻게 하란 것인지
참으로 울화통이 터집니다!

학생들이 너무 성급한 거 같아요!
유신 체제도 무너졌고 이제 곧
민주화가 이루어지겠구만요!

한마디로 인내심과 기다리는 자세가
아쉽습니다!

몇 달째 장사를 못해요, 글쎄~!
가게는 내놓아도 보러 오는 사람이 있나.
정부 당국에서 보다 강력하게….

우리 근로자들은 돈이 없어서 하고픈 공부도
못하고 직장 전선에서 고생하고 있습니다!
그런데 학생들은 뭡니까? 부모님 잘 만난
덕에 공짜로 밥 먹고 공부하면서….

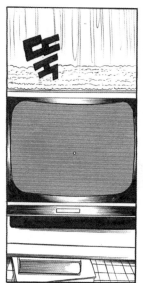

무슨 짓이냐?

다행인 줄 아세요. 저 텔레비전 박살났어도 수십 번은 박살났을 건데….

옛날 4·19 땐 시민들이 학생들에게 동조했었지. 그런데 요즘은 시민들 반응이 시큰둥한 것 같더구나! 심지어는 시위대에게 물을 끼얹는 사례도 있고….

그 이유가 뭘까? 역시 학생들이 성급하고 과격하다는 거 아니겠니?

그건 언론이 국민과 학생을 이간시키기 때문예요.

민주화도 좋고 자유도 좋지만 우리 같이 국토가 분단된 나라에서 마음대로 여행하고, 연애도 하고, 놀 수 있다는 것만 해도….

학교 안엔 군인들과 사복 경찰들이 우글우글합니다. 도저히 공부할 분위기가 못 돼요.

그럴수록 열심히 공부를 하는 게….

호호~ 엄마가 좀 져주세요,

그런데 요즘 너희들 요구 사항이 뭐니?

뭐긴 뭐야? 전두환 물러가라는 거지.

설마가 사람 잡는다고 하잖아….

그 사람이 설마….

데모하는 학생들을 비난하지만 우리들의 행동이 옳았다는 것이 밝혀질 테니까 두고봐!

그럼 그 사람이 노리는 건 대통령?

12·12 사태가 그 증거야! 그건 누가 뭐래도 쿠데타야! 몇 년 후에 밝혀질지는 모르겠지만…

뭐야, 그럼 3 김 씨는 지금 잔뜩 헛물만 켜고 앉았다는 얘기냐? 내가 보기엔….

형은 추리소설이나 봐! 무식함 드러내지 말고….

수고했어요. 자….

고맙구만요.
또 불러주세유~

엄마!
얼마 줬어요?

삼천 원 줬다, 왜?

와! 엄마도 너무하셨다!

너무하긴 저 사람은 일당이 그런 걸….

그래도 그렇지 힘든 일만 골라서 시키고…. 나 같으면 오천 원을 받아도 못하겠다.

돈 벌기가 그렇게 어려운 거란다.

그 아줌마 그렇게 힘든 일만 하다가 골병들 텐데….

웬 사내 녀석이 마음이 그렇게 여리냐? 우리 또래 사람이면 그만한 고생 다 했어.

네 아버지 돈 한 푼 벌어 오신 줄 아니? 우리가 이 정도 살기까지 나도 저 아줌마 못지않게….

알았습니다! 강의 끝!

디 엔드!

핑(FIN)!

완결!

70

누구야! 용우?
알았어.
곧 나갈게!

너 또…?

염려 마세요.
친구만 만나볼
거예요.

뭐야! 그럼 너 오늘 나온 거야?

아니. 어제 나왔어. 반성문 쓰고….

끝끝내 버티려 했는데 갑자기 갈릴레이 생각이 나지 뭐냐?

반성문을 써도 지구는 돈다?

젠장! 이왕 도는 지구 신나게 돌려볼까?

어떻게?

이렇게….

위하여!

위하여!

위하여!

학생들 그만들 위하고 일어서지. 통금 오 분 전이야!

이저씨, 이 근처에 여관 없어요?

꺽

시계 맡기고 자면 돼!

우리 집이 이 근처야! 가서 자고 여관비를 날 줘!

어머니 아직
안 주무셨군요.

이게 무슨 냄새야? 이놈이
콩밥 먹고 나오더니 안 하던 짓까지….

죄송합니다, 어머니!
처음 뵙겠습니다.

덜컥

어서들 들어가!
동네 사람들이 욕해!

일단 정지!

연희야,
잠깐만 일어나!
오빠 친구 왔다.

됐어, 들어와….

우리 집
제일 높은 곳
조그만 다락방!

올라가! 우리 특공대….

죄…죄송합니다.

그 방은 앉아서 머리가
천장에 닿을까 말까
하였다.

지린내…
담배 내…
찌든 내….

그리고 책 곰팡내….

소주 한 병 더 사올 걸
그랬지? 그래야 대화가
부드럽게 풀리는데….

얘긴 내일 하자.
동생 잠 못 자겠다.

짜식이 벌써 반했구나!

벌렁!

76

오줌 마려우면
그 깡통을 사용해!

그래! 연희하고 데이트 한 번 해!
네가 미대생인 줄 알면 좋아할 거야….
미술에 소질이 있거든….

지금 만화가 사무실인가 뭔가에 다니지.
한 달에 칠만 원을 받는데 그 중
오만 원을 내게 바치다니….
아! 마음이 너무 고와….

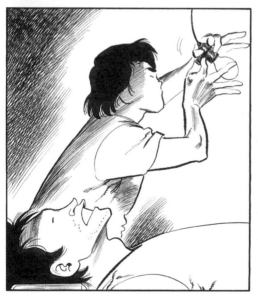

오줌 마려우면
그 깡통을 사용해!

똑

오빠!
내려와서 식사해!

해야지.

어머! 아직도
술이
안 깬 거야?

아이쿠~

쿵

엄마는?

나가셨어.

많이 드세요.
저는 먼저….

예!

참! 어젯밤 우리 오빠가 한 말 하나도 믿지 마세요.

내가 무슨 말을 했는데?

망할 놈!

아닌 게 아니라 은근히 꽤 이쁜데?

인마, 흑심 품지 마!

오빠가 나가보라고 해서
나왔어요.

내가 만나게 해달라고
졸랐어.

그냥 그러고 싶어서….

부럽네요.

전 두 시간 안에 돌아가야 해요. 아버지를 돌봐드려야만 하거든요.

아버진 중풍이시죠. 전 세상에 태어나서 한 번도 아버지가 걷는 모습을 못 보았어요.

엄마는 파출부 일을 하시는데 그나마 아버지 때문에 자주 못 나가시는 편이죠.

우리 집 가난은 너무 전형적이고, 드라마틱해요. 안 그래요?

냉소적이군.

그런 건 아닐 거예요. 가난해서 고통스러운 일이 많지만 가난한 사람만 알 수 있는 인생의 기쁨 같은 것도 있거든요.

실례지만
올해 연세가?

오빠와
연년생예요.
스물하나.
그건
왜 묻죠?

아니~
너무
성숙한 것
같아서….

뭐야?

휴교령!

결국 작전대로 돼가는군. 군바리들….

건수 있으면 연락해!

그래!

오빠는?

다락방에서 울고 있어요. 아마 당분간은 나오지 않을 모양이에요.

연희는 어떻게 생각해?

오빠가 하는 일, 그리고… 데모, 광주, 자유, 사랑, 죽음….

그림을 그리세요. 쉬지 말고….

푸드드득

학생입니다.

학생증!

뒤적
뒤적

내려!

쿵쿵 쿵쿵

우당탕

미대생이라고?

그림 그리려면
꼭 머리를 길러야 돼?

왜들 중심 못 잡고 그래?
지금 때가 어느 때인지
몰라!

찰싹

나가는 즉시 머리 깎아!
순화 교육 가고 싶지 않으면….

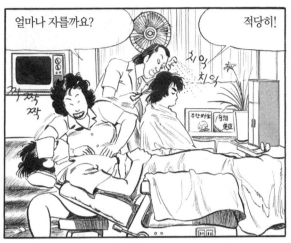

얼마나 자를까요?

적당히!

이것 봐라!
장발 단속을
폐지한다고….

신문!

전두환 대통령은 젊은 사람들 중엔 머리 깎는 걸 죽기보다 싫어하는 사람도 있으니 장발 단속을 중지하라고 지시하였다.

사탕 천 원어치!

와드득

와득 와득

치과에 가려고
작정을 했나보군.

체르니 피아노교실

언니! 다음 주부터는 과외를 하면
잡아간다며?

별꼴이지 뭐니?
피아노까지
포함시키다니….

어떻게 할 거야?
허가를 받으려면
서둘러야
할 텐데….

차라리
그만둬버릴까봐!

누나!

철컥

어머!
네가 웬일이니?

용돈 좀
융자 받을까 해서….

나 그럼 들어갈게!

그래! 잘 가….

누구야?

쯔쯔~ 꼴에 남자라고….

이쁘지? 소개시켜 줄까?

그만둬.
골 빈 애들 만나서
뭘 해?

어머머~

뭐가 어머머야!
미인들의 특성이란
상상력의 결핍이거늘….

저… 손수건을
놓고 나가서….

호호호~
다시 한번
말해보지
그러니?

죄송합니다.

괜찮아요. 전 그런 편견엔
익숙해져 있으니까요.

아직
풍자의 개념을
깨달을 나이는
아니지.

충고 한마디 해주까?

나 경험에 비추어볼 때
어떤 의도 자체를
그림의 목적으로
삼는다는 건
위험한 일이라
생각헌다.

의식에 집착하다 보믄
편견까지는 아니더라도
어떤 한계에 부딪혀서 경직되고 말지.
일단 그렇게 되믄 그 한계를 극복하기가
매우 힘들게 된다.

물론 너 스스로 하나씩
깨달아 나갈 일이지만….

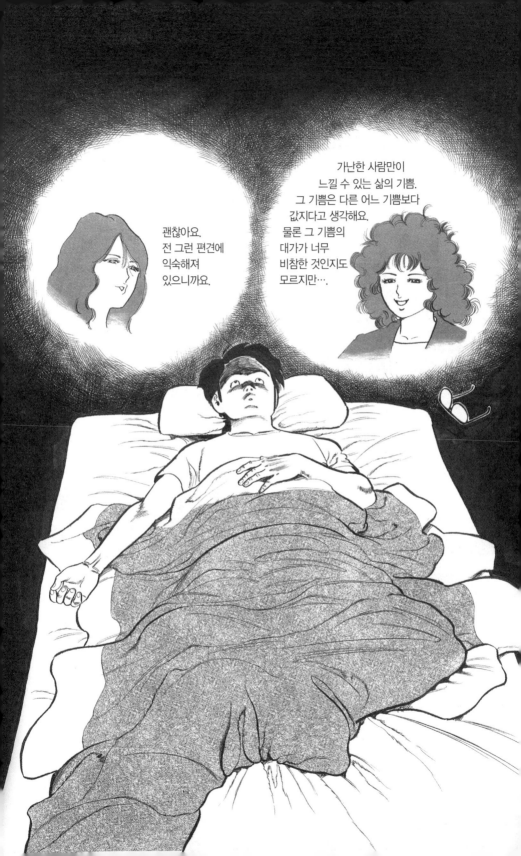

까악!

무슨 일이냐?

얘~ 은주야!
은주야!

가… 간이
떨어지는 줄만
알았어.

얘도~
그 방엔 뭣하러
들어갔니?

석주 이 녀석 자요?

너 저 끔찍한 그림 당장 없애버리지 못하겠니?

껄껄껄~ 그것 봐! 그 그림은 실패작이여….

너의 울분은 충분히 이해하고도 남지만 너무 즉물적이야! 감정이 여과되지 않았다는 뜻이지.

애써서 그렸겠지만 은주 말대로 하는 게 어떻겠니?

제 방에 갖다 두죠.

밥도 안 먹고?

형이나 많이 먹고 많이 여과시켜!

저… 저 녀석!

킥~

옘병!
그렇게 싸맸는데도
꽝꽝
얼어붙었구먼….

아! 냉큼 갔다오지 못해?

엄마도 참!
그 집 사람들
눈도 안 떴겠다.

애, 연희야! 아랫집 가서
물 한 양동이만 떠와라, 싸게….

조금만
있다가요.

그냥 다니던 데나
다녀!

벌써 그만두겠다고
말했어.

이 병신아!
술집에 가서 술만 따르면
되는 줄 알아?

그럼 오빠가
돈 벌어
올 거야?

도대체 날 보고
어떡하란 거야!
아버진 식물인간이나
다름없고 엄마는 다리가
부러져 석 달 동안이나
꼼짝을 못하고
오빠는 다락방에
처박혀 세상 원망이나
하고 있고….

생각해봐!
여지껏 살아온 것만 해도
기적이야! 하지만
이제 어림도 없어.
날마다 일수 아줌마 와서
찡찡대는 소리 못 들었어?

너무 걱정 마!
오빠도 내 성질 잘 알잖아….
이래봬도 나 그렇게
쉽게 몸 버리고
인생 망칠 여자 아냐!

현희 언니도
점잖은 손님
시중만 들게
해주겠다고
약속했어.
월수 삼십만 원
보장하고….

114

아버지 말씀이 옳다.
이제 보니
너무 유치하고
조악하다.

호호~ 어려운 결심을 했구나!
난 또 청와대로 보내기라도 할 줄 알았더니….

고마워!
그 생각을 못하다니….

빌어먹을….
그림 한 장 들고 가는데도
등에서 식은땀이 줄줄 흐른다.

왜 그리 두문불출이야? 전화도 못 해?

좀 바빴어. 연구 좀 하느라고….

무슨 연구?

미국에 관하여….

미국? 이민 가려고?

엿 먹을 소리 하고 있네.

참! 인사해….

함진수입니다. 용우하고는 막역한 사이죠.

이건 뭐냐? 내게 줄 선물 같은데….

풀어봐!

걸작이다.
짜식, 아버지가 화가라더니….

혼자 보기가
아깝네요.

버릴까 하다가
갖고 왔지.

버리다니요? 우리 이걸
광화문 네거리에 전시합시다.

연희는 여전해?
전화 좀 하랬더니….

잊어버려! 걔 애인 생겼어.

뭣!

인마! 기회를 줬을 때 잘해야지. 요즘 세상에
잠깐만 한눈팔면 빼앗기는 거 몰라?

새끼들이!

뛰어!

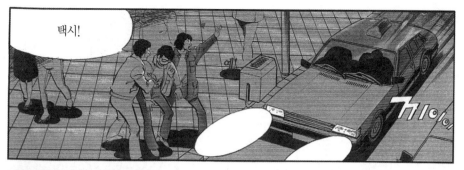

택시!

끼이익

싸움을 한 모양이군.

잘들 했어.
쌈 냈을 땐 토끼는 게 최고야!

가운데 학생 많이 다친 거 같은데….

찢어진 거 같은데…
성바오로 병원으로 가주세요.

괜찮아 난….

거기 가면 우리 선배가 수련의로 있어.
마침 오늘 당직이니까
무료로 꿰매줄 거야!

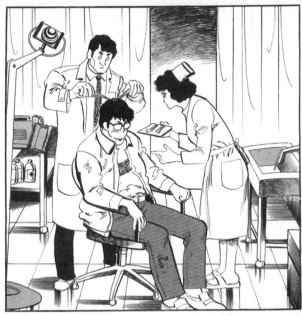

다 됐어요.
여덟 바늘 꿰맸습니다.

고맙습니다.
선생님!

고맙긴….
한 바늘에
맥주 한 병씩이오.
기억해둬요.

상건이 형! 만 원만 있으면….

안마! 내가 뭐 떼돈 버는 줄 알아?
제5공화국이 들어서면서 제일 먼저
피 본 게 의사들이란 거 몰라?

외과의사가 피 보는 건
당연한 일 아니우?

말 된다.

요는…

우리 학생들 그리고
모든 민주 세력이 너무
순진했었다, 이거 아니겠어?

그래! 나도 그렇게
탱크로 깔아뭉개리라곤
감히 상상도 못했지.

거기다 그 무자비한 반칙 플레이를 인정해준 게 바로 양키 놈들이야! 어떤 면으로 보면 그게 더 큰 충격이었어.

레이건은 왜 전 통이 정권을 잡자마자 방미 초청을 해야만 했을까?

결론은 버킹검이었어.

한국의 권력을 장악하는 세력이 친미 반공 정책을 추구하기만 한다면 미국은 도덕성이니 정통성이니 나발성이니 따르지 않고 무조건 밀어주겠다.

즉, 자기네 국익에 보탬만 된다면야 대머리도 오케이! 주걱턱도 오케이!

그 자식들 인권이니 나발이니 하는 것도 말짱 개소리였음을 증명해 보인 거야!

한국군의 작전 지휘권을
미국이 쥐고 있다는 사실 어떻게 생각해?

한국군의 광주 진압이 미군의 승인 없이
이루어졌겠느냐 이 말이다, 이 형광등아!

뭐야? 그럼 광주 학살을
미군이 승인했다는 거야?

누워 있어….
깨진 머리 또 깨질라….

실은 나도 그렇게까지
생각하고 싶진 않아!

하지만 우린 의심해볼 필요가 있어.
미국의 정체는 과연 무엇인가?
악당의 아들은 클 때까지 자기 아버지의
정체를 잘 알 수 없는 법이거든….

미국이…?

난 그걸 좀 더 연구해볼 생각이야!
미국을 알기 위해선
신미양요 때까지는 아니더라도
역사를 거슬러 올라갈 필요가 있지.

연희!

미안해. 정말….

왜 그래?
내가 뭐 잘못했어?

이십만 원
주신다고
하셨죠?
지불하고
가세요.

일부러 그러지 마!
내 맘 잘 알잖아…

안 가면 제가 가겠어요!

아… 알겠어.
내가 가지.

가세요.

아직도 내 말
믿지 못하는 거야?

모레쯤 다시 만나!

딸
깍

수고하세요.

그래! 자주 좀 들러….

원장실

어머!

웬일이세요? 병원에….

….

여기 원장님이
형부시거든요.
그래서….

그럼 볼일 보세요.
저 먼저….

아…
예….

저 여자…
저 여자하고….

어떻게 오셨어요?

예! 실 좀 뽑으려구요.

그래, 결혼하는 꿈을 꾸었다.
신혼여행도 갔었다.
이름도 모르는 그 여자하고….

한동안 그 여자 얼굴이
생각나지 않았다.
무섭고도 생생한
꿈이었건만….

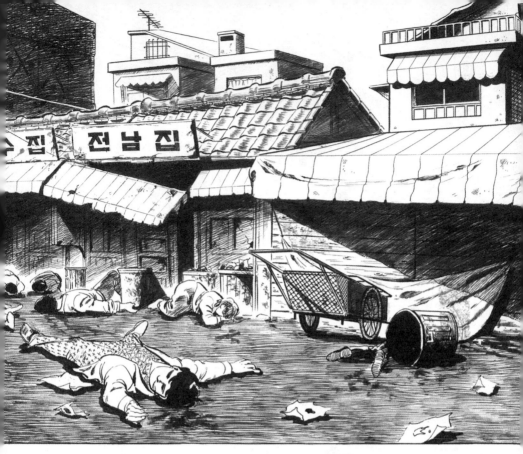

환각이 보이다니
내 큰골이나 작은골 중에 하나가
어떻게 된 거 아닐까?

그건 뭐시냐?
액션 페인팅이냐?

긴장감을 좀
해소시키려구요.

뭔 긴장감?

글쎄요….

녀석
엉뚱하기는….

존재한다는 자체가
긴장감이다, 이거냐? 허긴
잭슨 폴록이라는 화가는
그러한 긴장감을 못 이겨
자살까지 했다고 하더라만….

아버지는 이렇게
나와 함께 그림 그리는 것을
옛날부터 좋아하셨다.
내가 미대생이 된 것도
아버지의 영향을 받았기
때문이라 할 수 있다.

아버진 미국이란 나라를
어떻게 생각하세요?

무슨 뜻이냐? 난데없이…

아버지가 갖고 계신
미국관 말예요.

그거 거창하구마…. 뭐 관이라고까지 할 건
없고 다른 사람 생각이나 마찬가지지….
한반도 전체를 놓고 보면 미국도 침략자라 할 수
있겠지. 소련이나 중공, 일본과 마찬가지로….

남한 쪽에서 보자면요?

글쎄다…. 그거시야
네가 보는 눈이
더 정확허지 않겠냐?

미국은 왜 그렇게
기다렸다는 듯이
전두환 정권을 지지했을까요?

글쎄….
북괴의 남침이
우려돼서가 아닐까?

정말 남침의 우려가 있을까요?

아버진 과거가
있으시다면서요?

알 수 없는 일이지잉~
이승만 때부터 그걸로
국민을 겁줘왔응께~

죄송합니다. 표현이
나빴다면 용서하세요.

엄마가
그런 얘기를
하더냐?

형한테 들었어요. 옛날에 형이
공군에 입대하려고 시험을 봤는데
신원 조회에 걸려 떨어졌다구요.
그게 아버지의 전력 때문이라던데요?

자리 좀 바꿔 앉을까?

나도 긴장감 좀 풀고 싶어서 그런다.

그래! 나는 한때 나의 과거가 너희들의 앞날을 가로막지 않을까 조바심을 가진 적도 있었다.

부끄러운 과거가 있다, 이 말이다.

오해는 하지 마라. 빨갱이 짓을 해서 부끄럽다는 거이 아닝께~

돌이켜보면
나는 사물의 본질에 대해서
비겁했던 것이 아니었나 싶다.
막연한 표현이라 허겠지만….

나는 한때 스스로
이데올로기의 신봉자를
자처했었다. 그런디
먼 훗날 돌이켜봉께
다만 그 세계를 흘깃
엿보았던 것뿐이었다.
이거여~

그때 나의 삶은 허구였다.
숱한 고통을 겪었지만
지금은
그 고통의 명분조차
찾을 길이 없다.

그래서 부끄럽다는 것이다.
나는 단지 이기주의자였을 뿐이고 대개 사람들이
그랬던 것처럼 뭣도 모르고 휩쓸렸을 뿐이었다.

어떻게 해서
전향하시게 되었나요?

전향한 것이 아니었다.
그저 그렇게 된 것뿐이지….

그래서 나가 허수아비였다는 거지.
진짜 사상이라면 그렇게 쉽게
전향되고 어쩌구 헐 리가 있겠냐?

애시당초 난
좌익도 우익도 아니었던 거여~
앞으로도 마찬가지겠지만….

그렇지만
전쟁이 나믄
또 다시 어느 한쪽에
붙어야겠지.
박쥐처럼….
그것이 우리의
비극이다.

우리 겉은
자유주의자들은
어느 쪽에
붙는다 해도
반골이 되게끔
되어 있는 건디….

사람들은 6·25가
사상의 전쟁이었다고들 말하지잉~
허나 누가 뭐라 해도 그것은
허구와 허구의 싸움이었을 뿐이다.

138

그때 나는 단지
허구와 허구의 회오리바람 위에 휘날리는
한낱 지푸라기 같은 거였어.
먼 훗날 여타여타한 모든 것을 깨달았을 때
남는 건 허무였고 나는 나의 몸과 정신을
의탁할 곳이 없었다.
그림밖에는….

허나, 예술지상주의는
더욱 가혹한 정신세계임을 명심해라!
하나의 사상은
그 반대 사상하고만 싸우면 되지만
예술지상주의는
모든 사상과 싸워야 하고
모든 인간, 모든 사물 그리고 심지어는
신과도 싸워야 하는 것잉께~

누난 아버질 어떻게 생각해?

난 오늘 이 시각부터 아버질 존경하기로 했어. 아버진 현실 도피자가 분명하지만….

설마 그런 소리하러 여기 온 건 아니겠지?

실은….

뭐? 장미하고 결혼하는 꿈을….

네가 직접 얘기하지 그러니?

중이 제 머리 깎는 거 봤어?

꿈 얘기 재미있었어요.

원래 좀 엉뚱하신가 보죠?

얘기하지 말라고
그렇게 신신당부했는데….

은주 언니
가끔 짓궂은 데가 있어요.

머리는 데모하다가 다치셨나요?
데모가 주특기라고 하시던데….

예! 거의….

전 차이콥스키를 좋아해요.

저도 여학생들이 꽤 따르는 편이죠. 붓에 달린 털만큼이나….

푸읏!

저도 스키를 좋아하죠. 무소륵스키, 도스토옙스키, 나스타샤 킨스키….

누나 닮아 유머가 풍부하시네요.

푹 빠졌군.

먹었냐?

나한테 양보해라.
넌 연희를 구제해야 할 의무가 있잖아!

입맛 다시지 마.

쩝~

상건이 형 알지?
그 형과 이 근처에
술 먹으러 왔다가
우연히 발견했어.

너한테 얘기해두는 게
좋을 것 같아서….

용우는?

그 자식, 나도
네 머리 터진 날 보고
여태 못 보았어.

쭈우우욱

왔으니 만나보고 가야지.

연희 입장이
난처하지 않을까?

내게 맡겨둬!

왜 날 피했지?

용우는?

몇 달째
소식이 없어요.

바빴던 것
뿐예요.

이번 학기에
복학하지
않을 건가?

만나면 제발
군대라도 가라고
설득해주세요.

엄마는?

외견상으로는 다 나았고
엑스레이도 이상 없는데
계속 아프시대요. 의사도
두 손 들었어요. 요즘은
물리치료를 받으러 다니세요.

석주 오빠!

으응...

제 얼굴
많이 달라졌죠?

별로….

거짓말! 자꾸 시선을 피하시잖아요.
얼마나 천해졌으면….

눈이 부셔서 그래!
믿지 않을지 모르지만
전에는 귀엽다고만 생각했거든.

묘한 분위기였다. 나도 모르게
그녀를 덥석 안아버릴 것만 같았다.

다음에 만났을 때는
더욱 그러했다.

연희는 다시는
자기를 찾아오지 말라고 했고
나는 그러마고 대답했다.
다시 겨울이 가고 봄이 왔다.

석주 오빠,
좀
도와주세요.

콕 콕 콕

장미? 난데 오늘 음악회 가는 거
취소해야겠는데?

얼굴 한 번 본 적 없는 용우 아버지….
나는 용우를 대신하여 장례의 모든 절차가
끝날 때까지 헌신적으로 봉사해야 했다.

사람이란 게
원래 그런 것일까?
아니면 나란 놈이
못돼먹은 놈인 것일까?

그 죽음의 냄새 속에서 용솟음친
나의 감정은
어떤 종류의 슬픔도 아니었다.
그것은 분명 욕정이었다.

이 여자와 결혼식을 올렸었다.
신혼여행도 갔었다.
그 해변엔 시체들만 즐비했다.
한낱 꿈이라 치부해버리기에는
너무나 참혹하고 아름답고
생생했다.

누구에게 물어야 할까?
그 꿈속에서처럼
이 여자가 나와 함께
이 암울한 시대를 헤쳐나갈 여자가
아니냐고….

미워!

어디서 이런 용기가 생겼지?
생전 손 한 번 못 잡을 것 같더니….

바보!
용기가 아니라 무드다.
이건… 무드일 뿐이다.

그만해!

부탁이야!
날 무너뜨리지 마….

난 좀 더
플라토닉하고 싶어….

아니, 난 널 무너뜨리고 싶다.
넌 나와 함께
그 즐비한 시체들 사이를
헤치고 나아갈
사람일지도
모르니까….

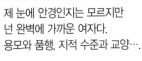

제 눈에 안경인지는 모르지만
넌 완벽에 가까운 여자다.
용모와 품행, 지적 수준과 교양….

그러나 넌 이렇게 말했다.
학생 시위엔 낭만이 있다고….

그 점이 마음에 걸린다.
그 한마디가
너에 대한 나의 평가를
모두 뒤흔들어놓는다.
나는 너에게
위화감을 느낀다.
마음속으로부터
너를 경멸하고 있는지도
모른다.

어머머, 이게 나야?
어쩐지 그림을 그리면서
딴생각만 하는 것
같더라니….

말해봐!
무슨 생각을 했지?

나가서 생맥주나
한잔 할까?

집에 가봐야 해!
나 여덟 시 넘기는 거 못 봤지?

정말 대단한 여자다.
언제나 차분하고 빈틈이 없어 보인다.
그러나 나는 바로 너의 그런 점을
경멸하고 싶다.
왜 그럴까?

여기도 마찬가지야.
요즘 교문 밖으로
진출해본 적이 없어!

퍽

퍽

펑

펑

악!

개새끼들!
아예 대포를
갖다 놓고 쏘지!

이런 병신!
그것도
못 피하고!

용우에겐
연락 없었지?

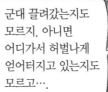

그 자식 혹시
죽은 거 아냐?

군대 끌려갔는지도
모르지. 아니면
어디가서 허벌나게
얻어터지고 있는지도
모르고….

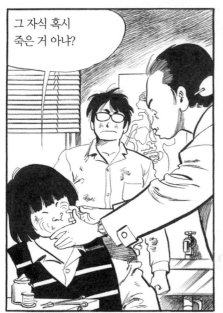

너 엊그제 신문 봤냐?

뭘?

전두환
가라사대
"나는 힘을
싫어한다."

이번 정권이
이 정권이나 박 정권과
다른 점이 뭐냐?
한마디로 말해서
몹시 저질이라는 점
아니겠어!

수백 수천 명을 죽여놓고
나는 힘을 싫어한다.

나는 워싱턴 같은 대통령이 되고 싶다?
워싱턴이 들으면 지하에서
통곡할 노릇이지.

너희들 하이데거란 사람이
뭐라고 했는지 알지? 언어란….

존재의 집이라고
했던가요?

맞았어! 하지만
하이데거가 실수한 거야! 만약 그가
제5공화국에서 사용하는 언어를 들었으면
언어는 폭력의 집이요, 혐오의 집이요,
불신의 집이라 했을 거야!

너희들이 나보다 잘 알겠지만
제5공화국이 내세우는 민주 발전,
정의 구현, 국민 화합, 전통문화의 재창조,
그것들이 뭐냐? 하나같이
아전인수에 견강부회 그리고 지록위마.
그리하여 결론을 내면
한마디로 개수작이다, 이거다.

구 형! 자기 자식 아니라고
그렇게 선동해도 되는 거요?
그만치 나이 먹었으면 말도 좀 고상하게 해야지,
시인이란 양반이…

들었지! 바로 너희들 아버지 같은
사람들 때문에 민주화가
안 되는 거야!

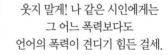

허허!

웃지 말게! 나 같은 시인에게는
그 어느 폭력보다도
언어의 폭력이 견디기 힘든 걸세.

언어가 타락하면 세상도 타락하고
언어가 끝장나면 세상도 끝장이지!
성경에도 그렇게 쓰여 있지 않은가?
태초에 말씀이 있었다고 말야….
이상하게 들릴지는 모르지만
언어는 사물에 선행한단 말일세.

그러니까 시인들은 순수시, 참여시를
논하기에 앞서 제5공화국에
투쟁해야 한다는 것이 나의 지론일세.
이건 언론의 자유를 논하는 차원보다
더욱 심각하고 본질적인 차원의 얘기라네.
자네 같은 예술지상주의자에겐
우이독경일는지는 모르겠네만.

그리고 보니 다시
언어는 존재의 집이라는 결론으로
되돌아왔네요. 요는, 존재하기
위해서라도 그 집을 지켜야하고
그 집을 지키기 위해서
투쟁해야 한다는 거 아닌가요?

맞았다.
네가 아버지보다
백 배 낫구나!

푸웃~ 선생님,
D.D.D*가 뭔지 아세요?

D.D.D?

* D.D.D: 본래 뜻은 장거리 자동 전화이지만, 당시 '두환이 대가리는 돌대가리'라는 은어로 통했다.

핫핫핫! 맞다!
너도 아버지보다
낫다.

참나….

구 선생님 말씀이 옳다.
정말 요즘 같아선 인간이
언어를 사용한다는 것이
그리고 인간에게 두 귀가
달려 있다는 것이
혐오스럽고
저주스러울
정도다.

164

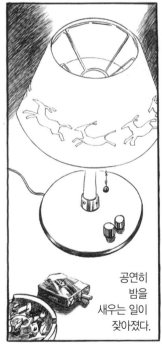

나 좀 재워줘!

야! 인마!
그냥 잘 거야?
몇 마디도 못 해?

집은 어떻게 됐어?
너희 아버지
돌아가신 거 알아?

조금 있다가
조간신문 오지?
그거나 봐!

?

부산미문화원
방화 3월18일
오후2시

일어나! 야!
안 일어날 거야!

제기~

녀석이 눈을 뜬 건
그날 밤 자정이
다 돼서였다.

우리가 가장 시급히 해야 할 일이
무얼까 생각해봤어?

그… 그거야….

민주화란 말이지?

아니란 말야?

맞아! 바로 그거야! 허지만 일본에 뒤이어
우리 민족의 주체성을 말살하고 이 땅에 제국주의적 문화를 심고 있는
미국의 손아귀에서 벗어나는 게 더욱 급한 일 아닐까?

짜식 놀라긴….
내가 못 할 말 했어?

내 방에 가서
얘기하자.

그럼 부산에서
불을 지른 게….

물론 내가
하진 않았어.

하지만 심정적으로
나도 공범이라 할 수 있지.
그 선배들에게 많은 학습을 받았거든.

다른 사람도 아니고
너니까 말하는 거야!

중요한 건 우리가 이제라도
자주독립을 해야 한다,
이거지!

자주독립?

170

그러니까 겉으로
민주주의를 부르짖으면서도 수십 년간
독재 정권을 지지하고 조종해 온 미국은
은인은커녕 자기들 이익을 위해서 오히려
민주화를 방해해온 장본인이라 할 수 있지.
이제 더 얘기할 필요도 없겠지만, 우리가
주체적인 민주국가를 이룩하기 위해서는
제일 먼저 미국의 손아귀에서
벗어나야 한다,
이것은 자명한 결론이야!

내 논조가 불순하게 들릴지는 모르지만
이 논리야말로 엄연하고도
객관적인 사실이야!
안 그렇게 생각하니?

물론 애초에 잘못은 우리에게 있지! 일본에게 나라를 빼앗긴 게 그거고,
36년간 독립 전쟁 한 번 못 일으킨 게 그거지. 결국 미국이 2차 대전에서
승리하는 바람에 자동으로 독립이 되었지만 사실 그건 독립이 아니었어.
미국이 우리에게 준 건 독립이 아니라 새로운 형태의 식민지 정책이었을 뿐이지.
그러니까 이제야말로 놈들을 몰아내고 자주독립을 해야 한다 이거야!

좀 더
생각할 필요가
있을 것 같은데…

순자가 이렇게 말했지.
청와대 여주인 말고
중국의 순자 말이다.
"백 번 생각하는 것보다
한 번 배우는 게 낫다."

다음 날 녀석은 나를
창신동 뒷골목으로 끌고 갔다.

정말 못 봤어?

못 봤어!
그런 게 있다는
얘긴
들었지만….

짜식…
아직도 미국 문화의
정수를 못 보다니….

어서 오슈~
아가씨 불러드릴까?

아가씬 필요 없고….

들어오슈!

사천 원 지불해!

보고들 계슈~

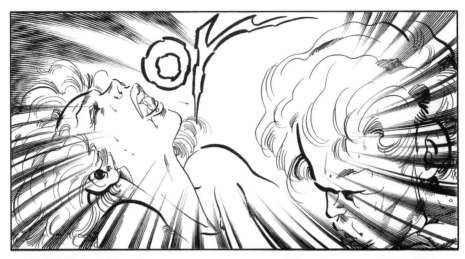

자주 봐야
그 맛을 알게 될 거요.
처음 볼 땐
그저 밋밋하지.

짜식!
텐트 친 거 봐….

욱!

툭

자리 피해줄게!
한 번 칠래?

이 자식이!

이 정도는
권태에 빠진 부부들에게
자극을 주기 위해
만든 거라고 이해해주고…

아저씨
하나만
더 봅시다.
평범한 거
말고….
애니멀 있죠?

천 원만
더 주슈!

닭, 말, 개, 소, 돼지, 사람⋯.
안 나오는 게 없었다.
나는 내 눈을 의심하기에 앞서
치밀어 오르는 구역질부터
참아야 했다.

예술을 하겠다는 놈이
그렇게 비위가 약해서
쓰겠어?

지금은 특정한 곳에서만 저런 걸 볼 수 있지만,
내가 장담하지. 앞으로 일 년 안에 서울의 모든
여관에서 볼 수 있게 되리라는 걸.
그리고 가정에서도 보게 되겠지.
모든 어린이와 더불어….

따라와! 너 같은 쑥맥이
꼭 경험해야 할 일이 있어.

마사지해드릴까요?

써니텐은 만 원…,
쭈쭈바는 만 오천 원예요.
이발비 포함예요.

실습도 돼요!
거기에 만 원 더 주시면….

제기랄.
그에 대답하는 데
일생일대의 용기가 필요했다.

만 원짜리로….

어때? 대한민국은 좋은 나라지?
동방예의지국, 해 뜨는 아침의 나라….

성은이발

미아리는
이해해줄 수 있지.
오팔팔도….

그러나 요즈음 세상 전체가 오팔팔이야!
소돔과 고모라가 따로 있는 게 아니야!
소위 상류층과 중산층이라는 신흥 부르주아들이
바로 소돔이고 고모라지.

단속도 안 하는 모양이지?

병신! 단속은 왜 해?
우민정책 몰라?

자본주의 병폐…, 그것이
군부독재에 의해 심화되고 있는 거야!
6·25때 끝장났어야 하는 건데….

적화통일이 되든 민주통일이 되든
분단이 되지 않았다면 남한에도 북한에도
지금과 같은 독재 정권은
들어서지 못했을 거야!

너무 단순하고
위험한 발상이 아닐까?
분단되지 않은 나라에도
독재 정권은 수두룩하잖아!

글쎄, 아무튼 난 북한에
한번 가봤으면 좋겠어!
북한이 못산다 못산다 하는데
우리 집보다 더 못살라고….
아까 창신동에서 너도 봤지.
그 더러운 시궁창 속에서
목숨을 이어가는 군상을….

그치만 전반적인 생활 수준을 놓고 볼 때
우리 쪽이 월등하다는 건
누구나 인정하는 사실 아냐!

물질만능주의의 시각에서 보자면
그렇다고 볼 수 있지.
하지만 어떤 물질적 수치를 놓고
인간의 생활수준을 비교·평가한다는
자체가 모순되는 일 아니겠어?

우리나라가 GNP*가 높아질수록
번창하는 건 향락 사업이고
늘어나는 건 도시 빈민들이야!
그리하여 빈부의 차는
한없이 커지는 거지.

＊ GNP: 'Gross National Product'의 약자. 국민총생산

빈부의 차…,
그건 심각한 거야!
너는 굶어보지 않아서
실감할 수 없겠지만….

잠깐!

용우!
너 무슨 큰일
저질렀지?

큰일은 무슨….
화염병 던진 죄밖에
더 있겠어?

오늘 집에
이상한 사람이
찾아왔었어.

곧 돌아가긴 했지만
혹시나 해서 여기 나와
기다리고 있는 중이다.
우리 집 말고 어디
피해 있을 데 없니?

여기로 가봐!

아버지가 너 혼자 찾아가라고 하셨어. 전화를 해두었으니 당분간 신세 질 수 있을 거라고….

혹시 나중에 붙잡혀도 주위 사람 피해받지 않게 하고….

누난 무슨 말을….

고맙습니다. 아버님께도 그렇게 전해주세요.

취직을 하고 싶다고?

이 빌딩의 관리인으로 써줄게!
힘든 일 아닝께 할 수 있었지?

월급은 십오만 원이다. 잠은 저 꼭대기
옥상 방에서 자고 밥은 알아서 묵어!
단지 친구를 불러들이믄 안 된다잉~

그만두고 싶으면
언제든지 그만둬도
좋고….

짜식!
니 사람
잘 만난 거여~

예!
고맙습니다.
사장님….

나 말고 이 화백 말이여~

별일 아냐!

별일 아니면?

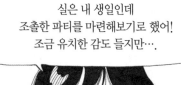

실은 내 생일인데
조촐한 파티를 마련해보기로 했어!
조금 유치한 감도 들지만….

제기~ 또 내가 싫어하는 말투를 쓴다.
유치할 건 또 뭐람….

와주는 거지?
내일 저녁이야!

나 혼자?

아니. 다른 친구도 서너 명….
왜, 실망했어?

이런 걸 가리켜
위화감이라고 하는 걸까?
아니면 위압감이라고 하는 걸까?

누구지?
귀에 익은 이름인데….

모두 같이 나가는 게 어때?
내가 2차 한턱낼게!

애는… 장미한테는 벌써
통금 시간이야!

맥주
더 가져올게!

장미야!
아버지
들어오셨다.

어머~ 벌써요?
웬일이시지?

인사들 드려!
자상하신 우리 아빠…   안녕하셔요.

공무원이라고 그러더니
국회의원이었다.
민정당 의원이었다.

그래서 술을 마신 건 아니었지만
아무튼 나는 술을 마셨다.

잠시후 연희가 들어왔고
연희도 나를 따라 술을 마셨다.

꼭 마셔야 하는 것도 아니었고
말을 하면 안 되는 것도 아니었다.

연희와 나는 술을 마셨다.
두 시간 가까이 말도 없이
술을 마셨다.

오빠! 나 부탁이 하나 있어. 꼭 들어줘야 해.

들어주고 말고….

나를 안아줘요. 한 번만….

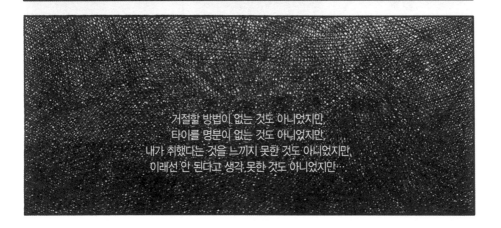

이 생활을 시작한 지 벌써 일 년이 넘었어요. 여러 번은 아니지만 몸도 몇 번 팔았어요.
아버진 돌아가셨고 엄마도 다 나으셨어요. 빚도 다 갚았죠. 그런데 전 이 생활을 계속하고 있어요.
벗어날 용기가 없어요. 부탁예요. 옛날로 돌아가게 해주세요. 호스티스 연희가 아닌
민간인 연희를 한 번 안아주세요. 꼭 한 번만요.

거절할 방법이 없는 것도 아니었지만.
타이를 명분이 없는 것도 아니었지만.
내가 취했다는 것을 느끼지 못한 것도 아니었지만.
이래선 안 된다고 생각 못한 것도 아니었지만…

연희는 울었다.
밤새도록….

그것은 환희도 쾌락도
사랑도 아니었다.
다만, 이상한
눈물의 의식
같은 것이었다.

그리고 아침에 남은 것은
무한한 죄의식뿐이었다.

고마워요.

앞으로 두 번 다시
만나지 않기로 해요.
전 잘해나갈 거예요.

우리는 다방에서
차 한 잔을 마시고
헤어졌다.

왠지 그녀의 손이
너무 작다고 느껴졌다.

건국후최대규모금융사기

사채시장의여왕
장영자

연일 신문은 장영자 '큰손'에 대해서
대서특필했고 우리는 연일 데모를 했다.

인마! 뭐 해? 빨리 토껴!

날이 갈수록 연희의 그 작은 손이
자꾸 눈앞에 어른거리기 시작했다.

밤에도 낮에도,
최루탄 가스와
연기 속에서도….

두 번 다시
만나지 않기로 했잖아요.

전 그 술집을 그만두었어요.
곧 취직이 될 거예요.
오빠는 저에게 해줄 수 있는
모든 걸 해주신 거예요.
더 이상은 필요 없어요.

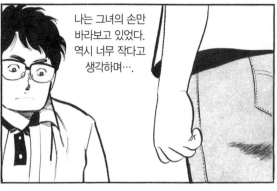

나는 그녀의 손만
바라보고 있었다.
역시 너무 작다고
생각하며….

그냥 돌아가세요.

용우를 만났어.
지난번에 얘기를 못 했지.

경찰에 쫓기고 있어.

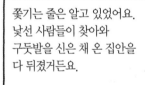

쫓기는 줄은 알고 있었어요.
낯선 사람들이 찾아와
구둣발을 신은 채 온 집안을
다 뒤졌거든요.

걱정 안 해도 될 거야!
아버지가 피신처를 마련해주셨어.
나한테도 숨기실 정도니까 안전할 거야!

무슨 죄목이죠?
데모를 주동했나요?

나도 잘 모르겠어.

우리 오빠 옳아요.
언제나 옳았어요.
잘난 사람은 아니지만….

잠깐만요.

혹시 오빠 만나게 되면
이걸 전해주세요.

갑자기 장미를 만난다는 것이 사치스러운 일이라고
여겨졌고 내가 한 여자를 사랑하고 있다는 것을
처음으로 확신했다.

그것이 나에게 용기를 주었다.
나는 난생처음으로 시위대의 맨 앞에 나섰다.
그날 시위는 격렬했고 진압도 격렬했다.
두려움은 나의 것이 아니었다.

전투와 전투속에 맺어진 전우야

산봉우리에 해뜨고 해가 질적에
부모 형제 나를 맞고 단잠을 이룬다

이것이 그날의 대가였다.

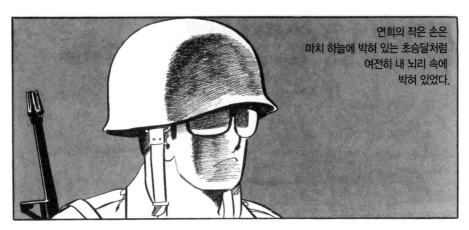

연희의 작은 손은
마치 하늘에 박혀 있는 초승달처럼
여전히 내 뇌리 속에
박혀 있었다.

그 작은 손은 나에게 하나의 고통이었고
반면에 다른 고통을 이겨내는
힘이기도 했다.

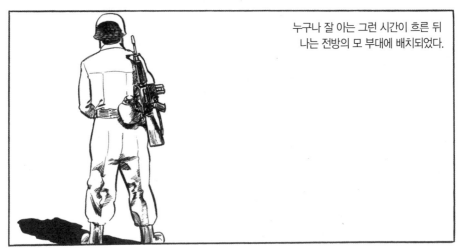

누구나 잘 아는 그런 시간이 흐른 뒤
나는 전방의 모 부대에 배치되었다.

상병 권태기!
이병 이석주!

우리 부대 창설 이래
최고의 미인이 찾아왔다는
전달이다!

저 쫄따구가?

이리 와!
한 대 맞고 가!

딱

딱

이 자식!
한 대 갖곤
안 돼!

연희가 온 줄 알았다.
연희밖에 올 사람이 없으니까.
아니 허구한 날 그 작은 손만
생각했으니까….

자… 장미!

후후~ 놀라긴….

석주 씨가 이렇게 되리라곤
생각 못했어.
언제부터
과격파가 된 거야?

처음엔 그저 무드에 휩쓸려 다녔다.
그러나 그 무드의 본질을
알았을 때
선봉에 나서지
않을 수 없었다.
그뿐이다.
나는 결코
과격하지
않았다.

왜 말이 없어?

와줘서 고마워!

힘들지?

별로….

많이 변한 것 같은데?

변해야 견딜 수 있는 것 아니겠어?

나에 대한 감정까지?

전화 한 통쯤 해줄 수 있었을 텐데….

그럴 경황이 없었어.

편지도?

생전 펜 한 번 안 들던 사람도 군대 가면 편지를 쓰게 마련이라던데….

네 생각을 했었어! 줄곧… 아주 오랫동안…. 그리고 결론을 내렸어. 더 이상 만나지 않는 게 좋을 거라고….

그러리라 짐작은 했어. 내 생일 파티에 네가 다녀간 뒤 달라졌다는 걸 느낄 수 있었어.

206

말해줘!
그 이유가 뭔지….
우리 아빠 때문에?

그렇게 간단하게
말할 수 있는 건
아니지만….

우린 너무 차이가 나!
신분의 차…, 빈부의 차…
그리고 견해의 차….

그 생각 석주 씨 생각이라고
믿어지지 않아!
석주 씨가
군대에 오게 된 이유가 뭐야?
민주화 운동을 하게 된 이유가 뭐야?
석주 씬 그런 차이쯤
충분히 무시하고
극복할 수 있는 사람 아냐?

그건 내가
하고 싶었던
말이야!

장미는 장미가 안주해 있는 환경과
생활 패턴과 가치관을 스스로 파괴하고
새 세계로 뛰쳐나갈
사람이 아냐!
스스로는 깨닫기
힘든 일이겠지만….

석주 씨가 잘못 본 거야!
나도 어떤 일에서건 양보하고 타협할
용의가 있는 사람이야!
허나 내가 속해 있고 내가 갖고 있는
모든 걸 일시에 바꾸어버리라고
요구하는 건 폭력이야! 안 그래?

옳은 걸
주장하는 건
폭력이 아냐!

방법이 그렇다는 거야!
모든 변화는 서서히
이루어져야 해!
국가적인 일이나…
개인적인 일이나….

옳은 얘기지만
그것은 하나의 원칙이지
본질이 아니야!
본질을 무시한 원칙론은
파시즘을 대두시키지.
'점진적 민주화'라는 말 알지?
여기에서 '점진적'은 원칙이고
'민주화'는 본질이야!
그런데 정부는 마치
'점진적'이란 낱말이
본질인 양 내세우며
점진적 민주화가 아닌
점진적 독재화를 추진해나가고 있지.
모르겠어?

석주 씨!
나 여기
정치 강의
들으러 오지
않았어.

정치 얘기가 아냐!

그냥 빗대어 얘기한 것뿐야!
이런 시대에
그 사람의 정치관이
곧 인격일 수도 있으니까….

정치관이나 인격은 나중 문제야!
난 석주 씨가 보고 싶었어.
몹시….

석주 씬….

오느라고 고생 많았지?
다음부턴 이런 고생
하지 마!

뭐, 인마!
맨손으로 면회를 왔다구?

이 자식
애인 만나고 오더니
헬렐레하는 거 봐!
눈동자가 갔어.

열중쉬어!

차렷!

열중쉬어!

차렷!

척

척

대가리 박아!

실시!

실시!

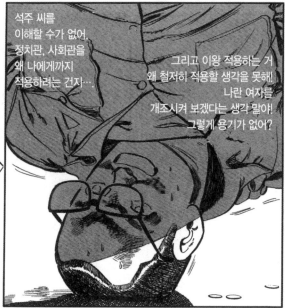

석주 씨를
이해할 수가 없어.
정치관, 사회관을
왜 나에게까지
적용하려는 건지…

그리고 이왕 적용하는 거
왜 철저히 적용할 생각을 못해!
나란 여자를
개조시켜 보겠다는 생각 말야!
그렇게 용기가 없어?

석주 씨 관점에서 장미란 여자
그렇게 가망 없는 여자였어?

기다리겠어.
휴가 때까지만….

눈물을 흘렸다.
장미가 내 앞에서
눈물을 흘렸다.

여자라는 건 다 그렇게
가엾은 일면을 지니고 있는
걸까? 가엾은 것과
아름답다는 것은 동일한
것일까?

울면서 돌아가던
장미의 뒷모습이
연희의 작은 손처럼
눈앞에서 지워지지 않는다.

이 일병! 지난번 그림쟁이 뽑을 때 왜 안 나섰나?

그리기 싫어서였습니다.

망할 놈! 숨길 걸 숨겨야지. 따라와!

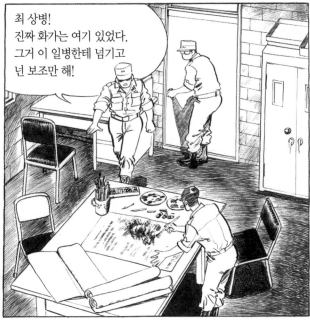
최 상병! 진짜 화가는 여기 있었다. 그거 이 일병한테 넘기고 넌 보조만 해!

난 특과로 빠지고 싶진 않았다.
남들처럼 똑같이 훈련받으며
지내고 싶었다.
육체적 고통으로
정신적 고통을
잊으려 했었다.

내 추억록
어떻게 됐어?

여기 있습니다.

흠! 이쁜데….

이왕이면 이 여자
옷 좀 벗겨줘!

좋았어.
다음엔 좀 더
에로틱한 거.

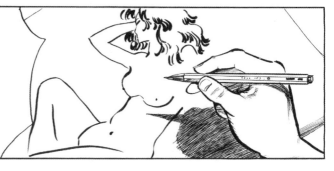
인마! 에로티시즘 몰라?
음과 양…, 상대성 원리!
여자가 있으면
남자가 있어야 하고
××가 있으면 ××가
있어야지,
안 그래?

몇 개월이란 시간이
그렇게 죽어갔다.

뭐야?

신고합니다.
이병 김범준은 1983년 4월 17일부로
제××보충대로부터 제××중대로 전입을
명 받았습니다.
이에 신고합니다.

다시 해봐!

신고합니다. 이병 김범준은
1983년 4월 17일부로 제××보충대로부터
제××중대로 전입을 명 받았습니다.
이에 신고합니다.

푸하하!   킬킬킬!

어게인!

이병… 김범준…
이에 신고합니다.

야 인마!
너 사내야 계집애야?
목소리가 왜 그래?
떡대는 하마처럼
큰 새끼가….

죄… 죄송합니다.

킬킬킬!

엎드려!

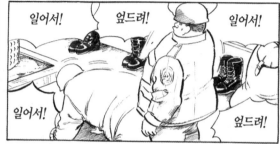

일어서!

엎드려!

일어서!

일어서!

엎드려!

공포의 삼겹살!
너 '디스코 신고'라는 말
들어봤어?

헉
헉 헉

흔들어 새캬!

하하하!

으앗핫핫하!

아주 간단해!

콸콸콸

병은
소주병이
콜라·사이다
병보다
잘 깨지지.

여기다 불만 붙여
던지면 되는 거야!

신나와 석유의 비율은
7:3 정도가 좋지.
신나의 기화력과 석유의 지속력을
동시에 노리는 거지!

가솔린은 좋지 않아!
기화성이 너무 높고
구입하기도 까다롭고
던지기도 전에 터지는 수도
있으니까….

218

심지는요?

광목이면 돼!
페인트가 함유된
플래카드용 헝겊
같은 거…

만 원 정도면
백 병쯤 생산할 수
있겠네요.

생산?

계산 빨라 좋다.

자! 화염병을
위하여!

위하여!

위하여!

경찰이다! 문 열어!

쾅

쾅

타일

타일

타일

타일

나쁜 자식!
먹을 복은 있구나.
자!

휴가병을
위하여!

뭐여?

이게 뭐야?
사제 폭탄 아냐?

화염병이다,
인마!

갈수록 살벌해지는군.
이런 걸 그냥 던져도 되는 거야?

내가 던진 화염병 한 병이
내 학우 한 명을 구한다.

아무튼 용하다.
지금쯤 옥살이를
하고 있을 줄
알았는데….

다 너희 아버지 덕분이지.

아무래도 더 이상은
못 견디겠어.

쪼우우

도바리*도 하루 이틀이지
신경쇠약에 걸릴 정도야!
이제쯤 내 신변을
정리해야 할 것 같아….

어떻게?

* 도바리: 수배를 피해 도망 다니는 일이나 그런 사람을 이르는 은어

기회를 봐서 크게 한판 벌이는 거야!
강력하게 치고 나가 만중의 관심을 끌고
호응을 얻은 다음….

그다음엔?

빵간에 가는 거지.
그렇게 하는
수밖에 없어.
이렇게 살다간
말라죽어버릴 거야!

아까 걔들
1, 2학년생들이지만
확실한 애들이지.
너희들 시위할 때완
뭔가 다를 거야!

군대 생활은 어때?

다 똑같지 뭐~
먹고사는 일에
주력하고….

사고의 진전이 없으니까
두뇌가 퇴화하는 느낌이야!

상관들은 늘 이렇게 얘기하지.
북괴는 무력에 의한 적화통일
음모를 버리지 않고 있으며
외세 개입 전 3일 내에
전쟁을 끝낼 계획을
갖고 있다고….

그런 얘길 들을 때마다 누가 내 머릿속에
솜을 구겨 넣는 듯한 느낌이 들어!

북한은 전쟁을 일으킬
의사도 능력도 없어.

어느 쪽 말도 믿을 수가 없어.
하늘에 올라가 내려다보기
전에는….

군사비 지출만 봐도 그렇지….
정부에선 GNP상 군사비 비율이 북한 쪽
이 높다고 하지만 가소로운 얘기야!
수박 10퍼센트하고 사과 30퍼센트하고
어느 게 더 커?

네 말도 절대는 아니야!
수박과 사과는 밀도가 다르잖아….
우리의 군사비는 봉급, 연금, 퇴직금 등이
포함되지만 북한의 군사비는
거의 순수 전력 증강에 쓰이니까….

무기 수입 비용도 남한이 엄청나게 많지.

북한이 소련으로부터 무상 원조를 받고 있다는 걸 감안해야 돼!

무기 생산 능력은?

무슨 데이터라도 놓고 얘기해야겠지.

병력도 우리가 많아! 정규군에 예비군에 젊은 사람치고 군인 아닌 사람 있어?

질이 틀리지. 걔들은 예비 병력도 병영화돼 있어.

공군력, 해군력도 그래! 북한이 수는 많아도 질적인 면에서 남한이 우세해!

결국 키 큰 놈하고 뚱뚱한 놈하고 누가 체중이 더 나가느냐 이런 문젠데…, 답은 없어.

남한에 배치된
천여 개의 핵탄두,
그게 바로 답이야!

삐
익!

그건 우리 민족을
깡그리 말살시킬 수도
있을 정도의 양이지.

염병할!
확인해봤어?

인마!
똥 냄새가 나는 곳에
똥이 있는 거야!

덜컹

어머! 석주 왔구나.
용우도 오고….

안녕하세요.

장미하고 무슨 일 있었니?
너 면회 갔다오더니
갑자기 피아노 그만 배우겠다고
그러더라….

야윈 것 같은데?

장미에게 가시가 있음을
제일 슬퍼하는 사람이
누군지 알아?

?

바로 장미 자신이래….

걱정하지 마!
너에겐 가시가 없어.

내가 생각해도 그래!
나에겐 가시가 없어.
그래서 더욱 슬퍼….

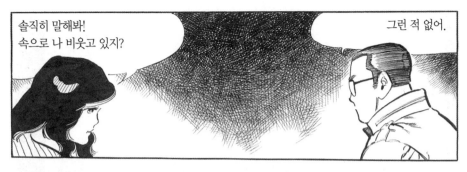

솔직히 말해봐!
속으로 나 비웃고 있지?

그런 적 없어.

늦은 거 같은데
그만 일어서지.
요즘도 여덟 시야?

오늘은 열두 시까지 있겠어.
아니 새벽 두 시라도 괜찮아!
내가 기계는 아니니까….

우린 아무 얘기도
못 했어.

더 있어봐도
마찬가지야!

불안해?

조금….

그만 들어가!
내가 바래다줄게!

무리할 필요 뭐 있어?
귀대 날짜는 아직 멀었어.

장미가 기대었던 이 부분!
도무지 내 몸의 일부분
같지가 않다.

석고처럼 굳어 있다.
이 부분을 고스란히 떼어
액자에 걸어놓을 순
없을까?

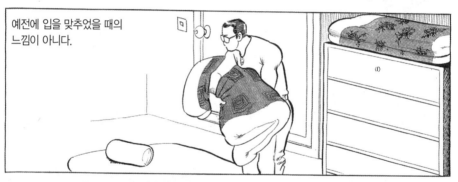

예전에 입을 맞추었을 때의
느낌이 아니다.

아직도 그렇다.
장미 너도 지금쯤….

뭐하니?

철컥

너 장미 말고 사귀는 여자
또 있니?

집으로 한두 번 전화가 왔었어.

한눈에 모든 사태를
파악할 수 있었다.

처음 만났을 때 너는
그렇게 얘기했었다.
우리 집 가난은
너무
드라마틱해요.

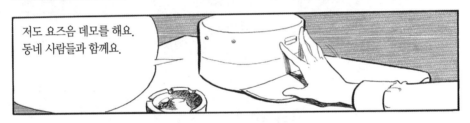

저도 요즈음 데모를 해요.
동네 사람들과 함께요.

부질없는 짓인 줄 알면서 그저 발악하는 거죠.
올림픽, 아시안게임이 취소되지 않는 한
우리 집이 철거되는 건 기정사실이니까요.

전화했었다며?

오빠 소식을
알까 해서요.
엄마가 하도
걱정하셔서
집에 한 번
다녀가라고….

어디 아픈 거 아냐? 해쓱해 보이는데….

제가요?

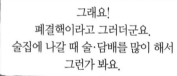
그래요!
폐결핵이라고 그러더군요.
술집에 나갈 때 술·담배를 많이 해서
그런가 봐요.

참나!
요즘 폐결핵 앓는 사람이
어딨어?

모르셔서 그렇지… 많아요. 다행히 걱정할 정도는
아니래요. 보건소에서 약을 타다 먹고 있어요.
다방에 취직했다가 그만두고
요즈음 엄마처럼 파출부로 가서 일해요.

그런 것 같군.
나한테 뭐 하나
팔지?

너무 갖가지라 우습죠?
우리 집은 불행의 백화점인가 봐요.

후후~ 이왕이면
몽땅 사 가세요. 바겐세일로….

왜 그러세요,
제 손에 뭐 묻었어요?
아까부터….

아… 아냐!

5·17 판쓸이 이후 S.M*은
계란으로 바위를 치는 격이었지.
데모를 해봐야 3분 내지 5분 시작도
하기 전에 모두 붙잡혀 가버렸으니까….
그래서 정국은 안정된 것처럼 보였지.

그러다가 지난 5월
김영삼 씨가 단식투쟁을 시작했어!
신문에는 보도조차 되지 않았고
나중에 가서 '재야인사 문제'니
하는 표현으로
국민을 우롱했지.

그것이 하나의 분출구가 된 셈이야!
전국 각지에서 동조 단식이 잇달았고
학생들의 시위도 다소 활발해졌거든….

* S.M: 'Student Movement'의 약자. 학생운동. 약칭 '학운'이라고도 했다.

미국에 갔던 김대중 씨도
지지 성명을 발표했고
6월엔 반체제 재야인사들이 총망라하여
범국민 연합 전선을 구축하기에 이르렀지.

이제부터야….
일단 분출구가 보이면
용암은 걷잡을 수 없이
치솟아 오르기 마련이거든.

계란으로 바위를 쳐도
언젠가 바위는 부서진다.
이게 나의 지론이야.
어때, 명언이지?

짝 짝 짝 짝

형! 우리 같이 노래 한 곡 할까요?
해도 되죠?

살살 불러!

얼마 후 우리는
B연대와 교대하여
철책 근무를 하게 되었다.

한성모!

이석주!

최영탄!

서연희?

초콜릿 먹을래?

예!

엇!

탁

용우가 보낸 것이었다.
그 초콜릿 포장지 안쪽에
깨알 같은 글씨로 국내 정세, 학생 시위 상황
같은 것이 씌어 있었다.

이 상병님은
민주화 운동
했었죠, 맞죠?

근무 중에
말 걸지 마!

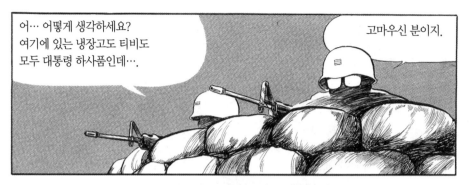

어… 어떻게 생각하세요?
여기에 있는 냉장고도 티비도
모두 대통령 하사품인데….

고마우신 분이지.

대통령 월급이
일… 이백만 원도 더 될 텐데요….
다 국민들 세금 아닌가요?

따지지 마!
그런 거 따지면
오래 못 견뎌!

이 상병님은 견디잖아요.
따… 땅속에 묻은 것도….

이건 내가 쓴 글을 복사한 거다!
갖고 갈 수 있으면 갖고 가서 읽어봐!
머지않아 인쇄할 생각인데
네 의견 좀 들어봤으면 좋겠어.
아마 들을 기회가 없겠지만….

나는 그걸 비닐봉지에 싸서
땅속에 묻어두고
남몰래 읽어오던 터였다.
다른 녀석들이
《플레이보이》나
《펜트하우스》를
숨겨놓고 보듯이….

읽어보고 싶나?

예!

후딱 읽고
소각해!

염려 마세요.

나는 연희에게 편지를 썼다.
덤덤한 문안 편지였다.
그러나 답장은 오지 않았다.

말동무가 생겨 무료함이 조금 덜했다. 그러나 불안했다.
저런 녀석이 바로 자살할 타입이다.
거기다 고참들은 끊임없이 놀려댔다.

단순해져!
그러면 별거 아냐!
고참들도 이해해줘야지.
쫄따구 괴롭히는
재미가 없으면
미쳐버릴지도
모르니까.

하… 하지만
너무들 해요.

1985년 2월

투표들
하랍신다.

이 병장님!
어… 어디다 찍죠?

눈 딱 감고 민정당 찍어!

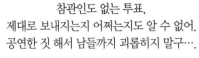

참관인도 없는 투표,
제대로 보내지는지 어쩌는지도 알 수 없어.
공연한 짓 해서 남들까지 괴롭히지 말구…

알았지!

아… 알았어요.

미… 미안해요.
다른 데 찍었어요…

나… 난 죽어도 좋아요.

그리고 며칠 후
녀석은 정말로 죽었다.

자살은 아니었다.
타살도 아니었다.
참으로 어이없는 사고였다.
그날 밤 야간 수색이 있었는데….

오… 오발입니다.

이 고문관!
제대할 때까지
속 썩일 거야?

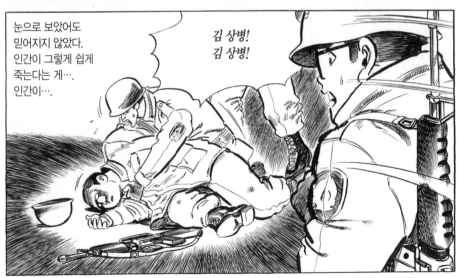

눈으로 보았어도
믿어지지 않았다.
인간이 그렇게 쉽게
죽는다는 게….
인간이….

김 상병!
김 상병!

이 병장!
똑똑히 봤지?
고… 고의가
아니었어!

철모로 뒤통수를
얻어맞았을 뿐인데 죽어버렸다.

우연한 사고,
돌발적인 죽음….

죽음이 그렇게
돌발적인 것이라면
우리의 모든 삶 또한
돌발적인 우연에 불과하다.
그렇게 죽을 것이라면
무엇 때문에 태어났을까.
그렇게 죽을 것이라면
무엇 때문에
그토록 견디기 힘든 놀림을 받으며
살아야 했을까…

아무런 의미가 없다.
나는 다시 사춘기에 빠졌다.
헤어날 길이 막막하다.

어떻게 된 애가
제대하자마자
술타령이니?

솔직히 말해!
너 장미에게
실연당했지?

칼이다 칼!

이제 알았어?

무도 자르지 못하는 녹슨 칼
누가 사갈지 걱정이다.

그동안 형은 결혼을 해서 따로 살림을 차려 나갔고
누나는 노처녀 그룹에 가담해 있었다.

조금 일찍 제대했으면
좋을 뻔했구나!
2·12 총선을
네가 봤어야 하는데….

얼마나 신났는 줄 아니?
마치 한 편의 역전 드라마였어.
민정당은 죽 쑤어서
개 준 꼴이 되었고….

내 얘기
흥미 없니?

나도 죽 쑨
사람이야!

민정당에 찍었거든….

그동안 내 의식은 마비되어 있었다.
스스로 그렇게 만들었던 것이다.
무사히 제대하고 보자는
생각밖에는 없었다.

그래서 무사히 제대했다.
나만 혼자 무사히….

병신 같은
자식…

팔자 좋군. 대낮부터….

탁

막걸

제대하고 달 반 동안
술만 마셨다며….
네 누나가 그러던데?

니들 얘기나 해봐!

용우 녀석….
이번에 전학련을 결성하는 데
뒤에서 한몫 단단히 했지.
그리고 나서 스스로 빵간으로 걸어
들어갔어. 잘 생각한 거야!
그렇게라도 몸 관리를 해야지.

삼민투* 얘기 들었니?
민족, 민주, 민중….
엊그제 미 문화원으로
쳐들어간 애들….

대략….

* 삼민투: 민족통일민주쟁취민중해방투쟁위원회

258

모든 S.M이 용우의 얘기대로 전개되고 있어. 마치 녀석의 지시에 의해 움직여지는 것처럼….

요즈음 이슈가 광주학살 진상조사와 군부독재 타도를 바탕에 깔고 매국방미·수입개방·경제종속 반대 등 주로 반미운동으로 이어지고 있거든….

누구나 예측하고 있었던 일 아냐?

펄펄 뛰는 사람들이 예상 외로 많아! 우리 부모님부터 무척 당혹해하시고….

하긴 반성할 점도 많아! 북한에서 쓰는 구호를 그대로 차용한다거나 지나칠 정도로 과격하게 내닫는 건 문제가 있어.

넌 어때?

가까스로 대학원에 진학했으니 공부 좀 해야지. 후방 지원이나 하면서….

용우가 자수하기 전에 뭐라고 했는 줄 알아? 계란으로….

그 얘긴 나도 들었어.

계란으로 바위를 쳐도 언젠가 바위는 부서진다.

미… 미안해요. 난 야당 찍었어요.

김 상병! 너 역시 거대한 바위에 던져지는 한 개의 계란이 되는 것으로 만족하려 했던 것일까? 네 인생에 의미를 부여한다면 오직 그것뿐이다.

크으~
술 냄새….

오만 원만
투자하시지.

너 술 마시는 사업에?

금주 사업이야!

장미와 네 관계를
고백하면
투자할 수도
있어.

….

안타까워서 그래! 그만한 신붓감 어디 또 있는 줄 아니?

부르주아의 가치관으로 보자면 그렇겠지.

어머머~ 너 그럼 프롤레타리아니?

난 민중이야! 이름 없는 한 개의 계란….

계란은 또 뭐니? 오리알은 아니구?

의심스러우면 누나가 직접 사다줘! 물감하고 캔버스….

Ω 화방

하루

이틀

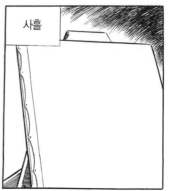

사흘

나흘

질겅
질겅

이놈아!
그거
비싼 붓이다.

그렇게 갈피가 안 잡히면
내 흉내라도 내보는 게
어떻겠니?

하이퍼 리얼리즘은
무한한 인내심을 갖게 해주지.

아버지도
인내심을 갖기 위해
극사실주의를
시작하셨나요?

인내심보다는
복수심이 많이 작용했다.
그 당시 사회 상황을
나 혼자
극복해야 했으니까….

한 달

두 달

전 더 이상 못 하겠어요. 하이퍼는 병적인 집착을 요구하는 것 같아요.

전 좀 더 건전한 그림을 그리고 싶어요. 물론 아버지 그림이 불건전하다는 뜻은 아니지만….

네 말도 일리는 있다.

그러나 한 작품도 끝내지 못하고 중단한다는 건 장인답지 못해!

학생운동과 당국의 탄압은 날이 갈수록 대립 양상을 보이며 숨 가쁘게 치닫고 있었다.

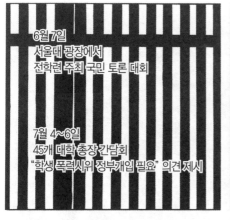

6월 7일
서울대 광장에서
전학련 주최 국민 토론 대회

7월 4~6일
45개 대학 총장 간담회
"학생 폭력시위 정부개입 필요" 의견 제시

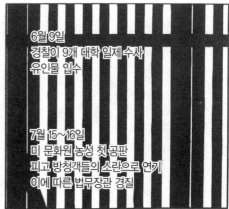

6월 9일
경찰이 9개 대학 일제 수사
유인물 입수

7월 15~16일
미 문화원 농성 첫 공판
피고 방청객들의 소란으로 연기
이에 따른 법무장관 경질

7월 17일
검찰, 삼민투 중간 수사결과 발표
삼민투를 이적용공단체로 규정

7월 22일
학생 징계에 유화적인 서울대 총장
강제 교체

7월 26일
학원안정법 입법 검토

8월 중순
복학 절차를 밟기 위해
학교에 들렀다.

싸우자!
자유의 종을 난타하자!

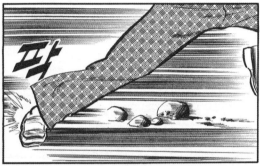

군대 갔다 오길 잘했다. 거기서 배운
태권도를 이렇게 써먹다니…

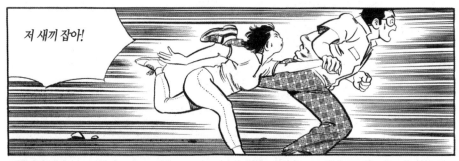

저 새끼 잡아!

고마워요.

싸움만
잘하시는 줄 알았더니
그림 실력이
굉장하시네요?

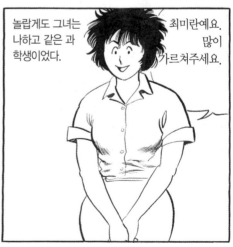

놀랍게도 그녀는
나하고 같은 과
학생이었다.

최미란예요.
많이
가르쳐주세요.

석주 형!

부탁 하나 해도 돼요?

우리 그룹에 가입해주셨으면 해요.
'동녘'이라고 민중 미술을 하는
사람들 모임이에요.

교내 서클인가?

물론 우리 학교 출신이
주축이지만
그보단 좀 광범위해요.
재학생 반 졸업생 반 정도로
구성되어 있는데
의식이 뚜렷한 사람들만
모였어요.

곧 그룹전을 열 계획이거든요.
석주 형도 한 작품
출품해주셨으면 해요.

난 의식이 확고하지 못해!

피이~
다 알고 있어!

미안해! 방해가 되었다면 다방에서
기다리겠어.

아니에요.
얘기 다 끝났어요.

그럼
내일 봐요.

나 어제 맞선 봤어.

오랫동안 고민하고
생각의 번복을 거듭했어.
사회과학 서적도
많이 읽어봤어.

전적으로
수용할 수도 없었고
공감이 가지 않는 대목도
많았어.

그러나 단 한 가지만은
깨달을 수 있었어.
내가 지나치게
개인적이었다는 걸….

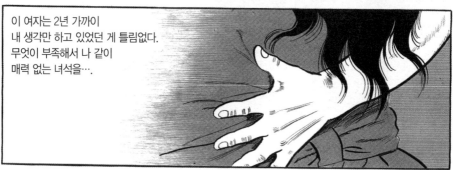

이 여자는 2년 가까이
내 생각만 하고 있었던 게 틀림없다.
무엇이 부족해서 나 같이
매력 없는 녀석을….

나도 가르쳐줄 건
아무것도 없어!

의식을 갖게 되면
스스로 길을 찾게
될 거야!

그건 나 자신에게
해야 했던 말이었다.
내 길부터 찾는 것이
급선무였으므로….

장미와의 관계가 그렇게 되자
연희에 대한 죄의식이
고개를 쳐들었다.

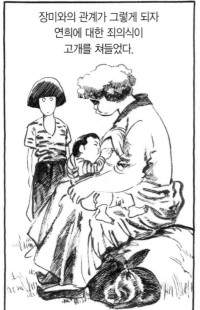

휴가 때 본 이후로
소식도 없고
연락할 길도 없다.

연애라는 건 정치와 너무 흡사하다.
나는 벌써 연희를, 그 조그만 손을
잊고 싶어 하는 게 아닌가!

웬 구닥다리 그림이냐? 나와서 저녁 먹어라.

네 아버지가 평양에서 그리던 그림이 생각나는구나.

그게 벌써 40년 전인데 오히려 네 그림이 아버지 그림보다 못한 거 같구나!

아버진 천재셨잖아요.

정치·경제가 발전하는 만큼 그림도 발전해야 하는 거 아니니?

우리나라 정치가 발전했다고 보세요?

정치에 핑계 대지 마!
예술가에겐 예술가의 본분이
있는 거야!

정치를 외면한 예술은
허약한 염세주의나 자기도취로
빠진다는 거 몰라?

후룩

그림에 목적성이 개입되면
불순해지기 쉽고
자기주장을 강요하면
조잡해지기 쉽다.

전… 순수성과 목적성을
결합해보고 싶은데요.

나도 한평생 그림만 그렸고 동양화에 이르기까지
안 그려본 그림이 없다만 그건 몹시 어려운 일이다.
물과 기름은 결코 결합되지 않아!

나도 아버지 편이야! 저렇게 불행이 강조된 그림은 오히려 거부감이 생겨. 너도 느낀 적이 있을 거야! 한겨울 지하도에 벌거벗고 엎드린 사람을 보면 동정심이 아닌 혐오감을 느끼게 된다는 걸….

나도 그렇구나. 굳이 발가벗고 있을 필요가 뭐니?

누나 뭔가 착각하고 있는 거 아냐? 내가 호소하는 건 동정심이 아니라 참여 의식이야!

참여도 참여 나름이지. 꼭 저런 유치하고 조잡한 그림을 그려야 돼?

마음대로 생각해! 난 예술 자체보다는 삶이 더 중요하다고 봐. 이 나라의 정치가 안정·확립되고 민중의 삶이 보장되는 그날까진 예술의 순수성 같은 건 유보해도 좋다고 생각해!

유보하렴~ 늙어 죽을 때까지….

맙소사!

너무했다 애~
내 말이 그렇게
네 반발심을
부추겼니?

출품할 거야!

석주 형 그림이
제일 나은 것 같아!

한눈에 봐도 그래요.
화면에 표출된
대담성만큼
구체성이 확연히
드러나고 있어요.

비행기 태우지 마!

미란이 말이 맞아요.

석주 씨의 참여 덕분에
우리 전시회의 격이
한층 높아진 느낌이오.

별 말씀을….

버틸 셈인가?
압수를
당하는
것보다
나을 텐데….

철거 못 합니다.
압수를 하려면
영장을 받아 오세요.

영장 같은 소리 하고 있네.

빠짐 없이
압수해!

이번 '동녘전' 사태를
어떻게 생각하십니까?
같은 미술인으로서 한 말씀….

표현의 자유를 침해하거나
억압해서는 안 되겠죠.
하지만 미술을 미술 본래의
순수한 영역을 벗어난
불온한 목적에 이용한다는 것도
곤란한 일일 겁니다.

요즈음 급진 좌경 세력들의 사회운동이 미술,
문학 등 여러 분야로 확산되어 있는 걸 볼 수
있습니다. 심히 우려되는
현상으로….

엄마!
내일부터 티비 시청료
내지 마세요.

작품 압수에 이어 전시장은 강제 폐쇄되었으며 세미나 개최는 저지당했고 연행되었던 사람 중 다섯 명은 유언비어 유포 혐의로 7일간 구류 처분을 받았다.

예술의 자유
표현의 자유
전시의 자유

장미는 눈물까지 글썽였다.

고생 많았지?

담배가 피고 싶어 혼났어. 그런 정도지 뭐~

잘된 일이야! 탄압이 심해질수록 투쟁은 몇 배 더 거세어지니까….

전시회 때 본 그림들 내 감상을
솔직히 말해볼까?

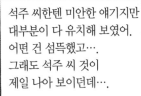

석주 씨한텐 미안한 얘기지만
대부분이 다 유치해 보였어.
어떤 건 섬뜩했고….
그래도 석주 씨 것이
제일 나아 보이던데….

자주 보면 생각이 달라질 거야!

그럴 것 같지 않아!
석주 씨 전두환 사진
자주 본다고
생각이 달라져?

모두 그런 얘기를 하긴 하는데…
아마 초기 단계라서 그럴 거야!
앞으로 개성 있고 수준 높은
작품들이 나오겠지.

석주 씨!
우리 아빠
만나고 싶지 않지?

드디어 김영삼이 입당했군.

천만 명 개헌 서명을 추진한다면서요?

대검 개헌 서명 처벌 지침 발표

- 개헌 서명을 위한 옥내 집회에도 집시법을 적용한다.
- 가두서명을 받을 경우 도로교통법에 따라 1년 이하의 징역에 처한다.
- 호별 방문으로 서명을 권유하면 주거침입죄를 적용한다.
- 시민의 서명 행위는 불법행위방조죄로 처벌한다.
- 완장 리본 어깨띠를 달면 즉심에 회부한다.

만들면 법이니….

엿장수가 따로 없죠. 말기 현상예요.

너 어디 가니?

엿 먹으러….

어서 오게!

자네
민중운동가라며?

그렇게 거창하진 않습니다.

우리 서로 정치 얘기는 하지 말기로 하세. 민정당이나 좌경 학생이나 국민에게는 인기 없기는 매 일반이니까…

절 보고 좌경 학생이라고… 장미가 그러던가요?

하하! 내가 워낙 골수 반공주의자라서….

나의 부모님은 인민군에게 학살당했다네. 그 처참한 광경을 목격했을 때 나는 어린 소년이었지.

옛날 얘긴 그 정도 해두고… 우리 장미하곤 어떤 사이인가?

장미에게 남자 친구가 있다는 걸
오래전부터 눈치채고 있었네.
어떤 친구냐고 물어도 통 대답을 않다가
나이도 찼고 해서 맞선을 보게 했더니
그제서야 자네 얘기를 하더군.

부모님 입장에서 자식이 어떤 사람을
사귀는지 알아두는 게 도리 아니겠나?

예! 물론….

사귄 지 몇 년 되는 걸로 아는데
뭐 장래 문제 같은 거
서로 의견 교환도 있었을 거고….

그런 생각은
미처 해보지 못했습니다.

무슨 얘기했어?

뭐 그냥 상투적이고 통속적인 대화였어.

잘 가!
내일 만나서 자세한 얘기 들려줘!

큰 재목은 아닌 것 같더구나!

꼭 큰 재목감이어야만 해요?

작은 재목도 자기 몫만 충실히 하면 훌륭한 거 아니어요?

요즈음 네 말투가 썩 달라진 것 같은데 그 친구 영향이냐?

당신 보기엔 어땠소?

글쎄요, 사윗감으로는 좀…

왜들 그러세요? 제가 언제 결혼한댔어요?

그럼 안 할 거냐?

몰라요! 난 결혼 안 할 거니까….

조금은 충격적인 일이었다.
여지껏 결혼이라는 건
먼 훗날의 일이거나 남의 일로만
생각해오고 있지 않았던가?

왠지 무슨 드라마 속으로
빠져들어가는 느낌이었다.

그 문제…
졸업할 때까지
보류해두고 싶어.
장미만
괜찮다면….

뭐가 돼가는 것 같으냐?
교수들의 시국 선언도 나오고
민국련*도 구성되었으니….

모든 재야 단체들이
총연합하는
모양이던데?

김대중 의장은
최근 일부
소수 학생의
과격한 주장을
지지할 수
없다는데?

이민우 총재도
좌익 학생은
단호히 다스려야
한다고 그러고….

신민당의 직선제
개헌 투쟁만으로는 안 돼!
보다 중요한 건 현 정권 타도와
민주 헌법 제정이야!
안 그래?

물론이지.

5월 3일이 디데이야.
알고 있지?

물론!

*민국련: 민주화를위한국민연락기구

5·3 인천 사태에 대한 방향은
가지각색이었다.
우리 모임 내에서만 해도.

간단히 요약해서 5·3투쟁은 반외세 자주화와 반미를
대중적이고 공개적으로 부각시켰고
노동문제를 사회의 전면에 조직적 차원으로
부상시켰다는 점에서 획기적인 의미가 있는
일이었다고 생각합니다.

304

제 견해는 얻은 것보다 잃은 것이 더 크다고 봅니다. 신민당이 개헌 투쟁의 주체일 수 없다는 건 명확한 일이지만 어쨌든 현 시점에서 민중운동 세력과 보수 야권이 분열되었다는 건 바람직하지 못한 일 아닐까요.

치명적인 것은 지금까지 개헌 운동에 심정적으로 지지를 보내던 중산층 소시민들까지도 우려를 나타내고 있다는 사실입니다.

지나치게 과격했던 것만은 부인할 수 없을 것 같아요. 문익환 목사가 전격 구속된 것도 그렇고… 군부의 동향이 우려돼요. 그들에게 어떤 빌미를 주어서는 안 되는 거 아니어요?

그날 장미는 난생처음으로 내게 바람을 맞혔다.

저게 민주화
운동이란 말이냐?!

빨갱이들 사주를 받은 게
틀림없어.

돌파구를
꽉 막아버리니까
저런 사태가
발생하죠.

혹시 정부에서 강력 진압을 명령해서
저런 사태를 유도하는 건 아닐까? 좌경으로
몰아붙이려고 말예요. 아빠에게 물어보면…
야단맞겠죠?

너 진심에서 하는 말이냐?

엄마도 한번 최루탄을 맞아보세요. 학생들 돌 던지는 심정을 이해할 거예요.

너 그 석준가 하는 학생 만나더니 많이 변했구나!

올바르게 변하는 게 뭐가 나빠? 아빤 왜 그렇게 석주 씰 미워하는지 모르겠어.

그 이유가 바로 여기 있다.

민중운동 :::

마르크스

언제부터 이런 책을 읽고 있었지?

아… 아빠….

내가 이 따위 책 읽으라고 너 공부시키는 줄 아느냐?

당장 쓰레기통에 갖다 버려!

이 책들이 뭐가 어때서요!

애! 잠자코 있어.

308

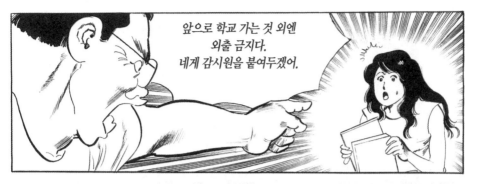

앞으로 학교 가는 것 외엔
외출 금지다.
네게 감시원을 붙여두겠어.

만약 그 자식을
한 번 더 만나든가 하면
집에서 내쫓을 줄
알아!

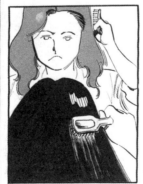

이젠 이 애비 말까지 거역할 셈이냐?

전 여지껏
순종만 하며 살아서
깨닫지 못했었어요.
허나 이젠 알겠어요.
아빤 언제나 모든 일을
권위와 힘으로만
해결하시려 해요.

장미 있습니까?

없어요.
있어도 바꿔줄 수 없으니까
앞으로 전화하지 말아요.

웬일이냐?
하이퍼는 때려 치운 줄만
알았더니….

현실, 특히 학생운동을 냉정한 시각에서 한번 성찰해볼 필요를 느꼈어요.

화염병을 던지는 학생의 모습을 하이퍼 기법으로 그려보고 싶어요.

아버지께서 좀 도와주세요.

기술적인 문제라면 얼마든지….

우르르르르

쾅

나… 집 나왔어.

다른 건 다
참을 수 있었지만

결혼을
하라는 거야!
막무가내로….

신라상사
회장 아들하고….

우린 오랫동안
못 만났던 것만큼
자주 만났다.

그러나 장미는
나를 하숙집으로
초대한다든가 하는
따위의 일은
결코 하지 않았다.

여름이 끝나가던 어느 날 아버지께서 갑자기 쓰러지셨다.

처음 있는 일이었다. 멀쩡하시던 분이….

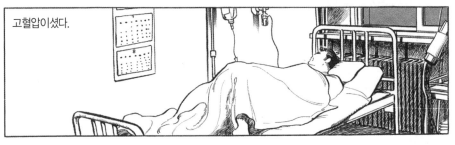

고혈압이셨다.

내가 너 데모하고 다니는 거 말릴 생각 없다! 그러나 절대로 어디에 잡혀가거나 매 맞을 짓은 하지 말아라. 네 아버지를 보렴~ 속으로 골병드신 게 이제 계속 나타날 거다.

네 아버지 한때 정치한답시고 죽산 선생 따라다닐 때 몇 번이나 반죽음이 되어 들어오셨는 줄 아니? 그래도 농사일로 뼈가 굵은 분이시라 여지껏 큰 탈 없이 지내왔다만….

아버진 사흘 후에
퇴원하셨다.

당분간 아무 일도
하지 마십시오.
그림 그리는 일도….

며칠이 지나도 회복되지 않는 아버지의 건강처럼
정국 또한 안갯속을 헤매고 있었다.
민정당은 내각 책임제만을
개헌 특위에 던져만 놓고 시간을 끌면서
장외 홍보에만 열을 올렸다.

김대중, 김영삼 두 김 씨는 9월 2일
사실상 헌특 탈퇴와 실세 대화를 선언!

9월 말까지 시한을 주고
그때까지 실마리가
보이지 않을 때는
정권 타도 투쟁을
벌일 것입니다.

진작 그렇게 할 것이지. 주먹 쥔 놈들하고 백날 대회니 뭐니 해봤자 될 게 뭐야?

우리 학생... 우리 국민이 나아갈 길은 오로지 투쟁밖에 없어.

재야와 야권 그리고 학생들은 한시바삐 다시 연합해야 돼! 연대 투쟁을 모색하지 않고서는 현 정권을 타도할 방법이 없어.

자식 왜 그렇게 힘이 없어?

난 지쳤어.

나는 불현듯 내 자신이 절망의 어느 깊은 곳에
가라앉아 있음을 깨달았다.

고독했다.
이룰 수 없는 사랑도….

그 사랑을 억지로
이루려 하는 것도… 통속적인
멜로드라마처럼만
생각되었다.

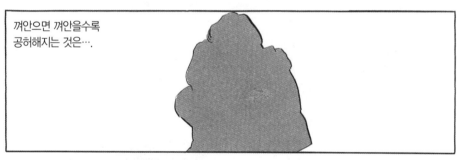

껴안으면 껴안을수록
공허해지는 것은….

너 노처녀 앞에서
정말 무드 잡을 거야?

벌써 또 그림을
중단한 거니?

연희가 불쑥 찾아온 것은
10월이 거의 다 끝나갈 무렵이었다.

평소의
연희답지가
않았다.
갑자기 몇 년 전
유령처럼 찾아왔던
용우의 얼굴이
그녀 얼굴에
나타났다
사라졌다.

오빠 부탁으로 왔어요.
석주 오빠를 데려와
달라고 해서….

어떻게 된 거야!
가석방이라도 됐나?

보석으로 풀려났어요.
신장염이래요.

우리 집은
불행의 백화점인가
봐요.

왜 그러세요?

뭘?

오빠 옛날부터 제 손만
유심히 보려고 하셨잖아요.

그… 그랬나?

짭새들이 계속 내 주위를
얼씬거리고 있어.

끊었어.

심각하다.
웬만해선
이럴 녀석이
아닌데….

부탁이 있어.

내일모레 건대에서 대대적으로
한판 벌일 거야!

이거 내가 쓴 선언문인데
네가 가서 발표해줬으면 좋겠어.
원래 이 일을 맡았던 후배 녀석이
갑자기 사라졌어.

조국통일 가로막는 분단 이데올로기 반공 이데올로기 분쇄 투쟁 선언문….

내용은?

제목 그대로야!

자신 없으면 믿을 만한 후배를 시켜서라도….

아니, 내가 하겠어.

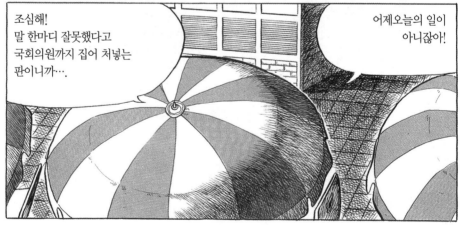

조심해! 말 한마디 잘못했다고 국회의원까지 집어 처넣는 판이니까….

어제오늘의 일이 아니잖아!

용공좌경척결.
그것은 단군이 이 나라를
세운 이래 가장 무시무시한
칼의 이름이야!

베이지 않는 게 없지.
그 칼에 비해 우리들 모가지는
너무 약해! 그런 시가 있지.
모가지가 길어
슬픈 짐승이여….

몸은 어때?
놈들이
풀어줄 정도라면?

그러지 않아도 내장이 썩는 듯한
느낌이 있었어.
정신적인 문제라고만 생각해왔었는데….

문제는 내 개인적인 게 아니라
내 창자가 썩었듯이
이 강물도 썩었고
민족의 정기도 썩어 있다는 데
있는 거야!
사람들이 그 위에서 유람선을 타지.

썩은 한강을
되살리자는 운동은
과학적이고 환경적인 차원이 아니라
정신적이고 민중·민족적 차원에서
확산돼야 해!

그러나 나는 나의 임무를
수행하지 못하였다.

차를
갈아타기 위해
버스에서
내리는 순간

가방 좀 봅시다.

이… 이거….

엇!

붙잡아!

내가 다 보고 있었어요.

개×끼들. 시키는 놈들야
그렇다 치고 원리원칙대로
할 필요는 뭐 있어?

발목이 삔 것을
깨달은 것은 택시에서
내릴 때였다.

고맙습니다.

읍!

동원 경찰 8,000여 명.

구속 학생 1,271명.

부상자 85명.
재산 피해 23여 억 원.

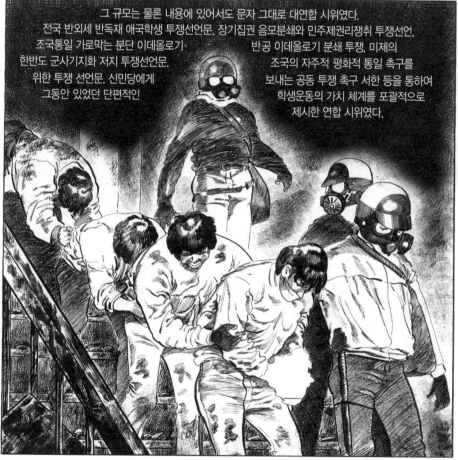

그 규모는 물론 내용에 있어서도 문자 그대로 대연합 시위였다.
전국 반외세 반독재 애국학생 투쟁선언문, 장기집권 음모분쇄와 민주제권리쟁취 투쟁선언,
조국통일 가로막는 분단 이데올로기·　　　　　반공 이데올로기 분쇄 투쟁, 미제의
한반도 군사기지화 저지 투쟁선언문,　　　　조국의 자주적 평화적 통일 촉구를
위한 투쟁 선언문, 신민당에게　　　　　　　보내는 공동 투쟁 촉구 서한 등을 통하여
그동안 있었던 단편적인　　　　　　　　　학생운동의 가치 체계를 포괄적으로
　　　　　　　　　　　　　　　　　　　　　제시한 연합 시위였다.

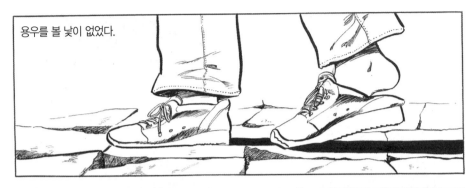

용우를 볼 낯이 없었다.

아무도 없는데… 기다려봐요.
삼십 분쯤 있으면 오실 거요.

연희는
밤 열 시가
넘어서야
돌아왔다.

어머닌
많이 의식화되셨든데….

악만 남으신 거겠죠.

연희라도 어머닐
보살펴드려야지.

노력하고 있어요.

노동운동은 연희 말고도
할 사람이 많아!

제가 뭘 안다고 나서서
노동운동을 하겠어요?
그러나 그렇게라도 나서지 않으면
우리 오빠가 너무 가엾어져요.
우리가 온갖 불행을 감수하며
사는 의미가 뭐겠어요?

물론 엄마도 괴롭고 고달프시겠지만….
하지만 더 많은 근로자의 어머니들이
기뻐하게 되는 날이 올 거예요.
그날까지는 엄마도 참아주실 거예요.

나 부탁 하나 할까?
옛날에 네가 나에게 부탁했듯이….

네 손을
한번 만져보고
싶어.

오빠 감정의 80퍼센트는
동정심이에요,
그렇죠?

안녕히 가세요.

탁 탁 탁

진달래꽃 머리에 꽂고
온 국민이 하나가 되어
한라에서 백두까지 해방 춤을
흐드러지게 추게 될 그날까지….

'까부수자.'
'조국의 원수 미 제국주의자'
이런 표현은….

나무를 보지 말고 숲을 봐!
당국에선 이번 일을 '공산혁명분자 건국대
점거난동 사건'이라 부르고 있어.
과연 1,271명이 다 빨갱이였을까?

경찰은 학생들의 집결을 방치했다가
퇴로를 차단, 농성을 유도했고
투망으로 고기를 잡듯 싹쓸이하는 데
성공했어. 이제야말로
나나 장미 같은 사람들이 나서서….

실례합니다.

의원님께서 집으로
모셔오라는 분부입니다.

힘으로밖에
해결할 줄 모르는
사람들….

나도 인내하련다.
동해물이 마르고
닳도록….

원 세상에 혐의자도 아닌 참고인을 고문해서 죽이다니….

석주 전화다.

나야 장미….

오랫동안 연락 못해서 미안해!

나 그동안 너무 많이 울었어.

엄마가 편찮으셔. 내가 속을 너무 많이 썩였나봐. 얼굴이 말이 아니셔~

앞으로 당분간은 집에 있어야겠어.

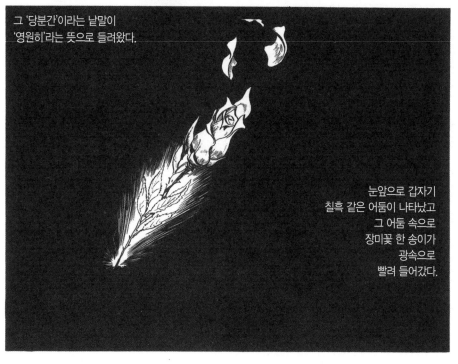

그 '당분간'이라는 낱말이 '영원히'라는 뜻으로 들려왔다.

눈앞으로 갑자기 칠흑 같은 어둠이 나타났고 그 어둠 속으로 장미꽃 한 송이가 광속으로 빨려 들어갔다.

거의 다
완성됐구나!

걸작이군.
부전자전일세.

장미 너의 어머니는
연희 어머니에 비하면
천 배, 만 배는 더
행복한 사람인데….

그런데 넌 어머니의 고통을
연희보다 훨씬
부담스러워한다.
그만큼
더 사랑한다는
뜻일까?

결코 그렇지 않다.
연희의 사랑에 비하면
너의 사랑은…
가족적 이기주의에 불과하다.

정신이
외출을 했나?

오… 오셨어요?

그런데….

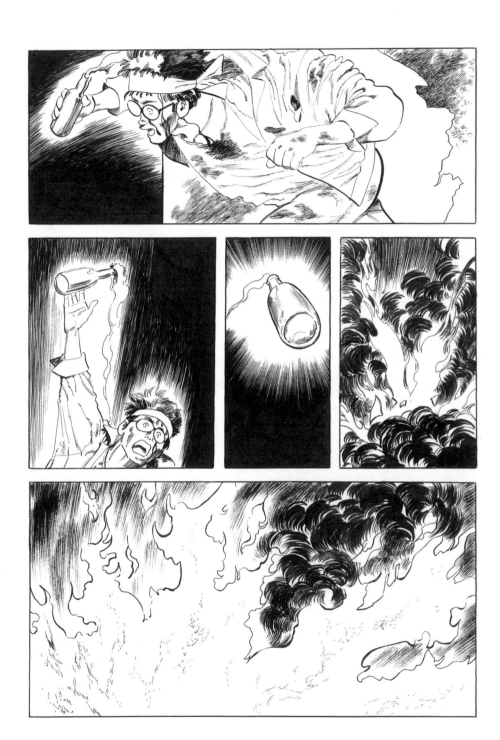

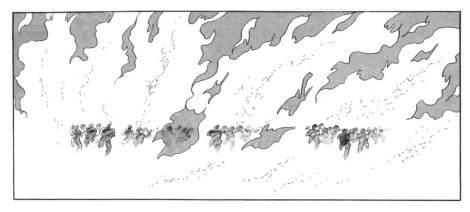

그것은 결코 꿈이 아니었다.

용우의 표현을 빌리자면
수십만 개의 계란이 바위를 깨뜨린
감격스러운 날이었다.

사흘 후 드디어
제5공화국이
항복을
선언했다.

자넨 아버지를
많이 닮은 것 같아.

아버지가 죽어라 그림을 그리니까
4·19가 일어났고 그 아들이
죽어라 그림을 그리니까 6·29가
되었지 않은가 말일세.

비꼬지 마시오.
구 형이 잡아끌지 않았다면
엊그제 난 나가지 않았을 거요.

난 누가 뭐래도 정치를 믿지 못해!
4·19의 그 열광적인 분위기가
며칠이나 지속되었소?

그러니까 정치가나 소수의 상류층
사람들이 아닌 민중이 일어나
역사의 주역이 돼야 하는 거 아니겠어요?

축하해! 모든 게 잘됐다고 생각해!
전전긍긍하시는 우리 아빠 때문에
긴 얘기는 못하겠어. 나중에 만나….

….

그러나 정작 기뻐해야 할 사람은
병원에 입원해 있었다.

좋아할 거… 하나도 없어!

이제…
시작에 불과해!

많은 사람이 이번 국민 대행진에 호응한 건
군사독재 타도와 민주헌법 쟁취라는
하나의 목표 때문이었지.

소위 중산층이라는 사람들은
우리가 주창한 반외세 자주화, 미군 철수,
미·일의 경제 침략 저지 그리고 노동문제 등
민족·민중적 문제들을
전혀 이해하지 못하고 있어.

그러나 통일이라는 더욱 중대한 문제가 있지.
우리 세대에서 기필코 해결해야 할….

우리의 모든 운동은 이제부터
통일과 연결시켜야만 하는 거야!

녀석의 입에서
'통일'이란 말이 나왔을 때
내 머리는 아차 했다.
다시 한번 내 눈앞으로
암흑 같은 것이 달려들었다.

그 암흑은
푸른색이었다.
나는 녀석의 앙상한 두 손을
꼭 잡아줘야 한다고 생각했다.
그 푸른색 절멸 속에
멍하게 서 있을 수밖에
없었다.

그리고
정신을 차렸을 때
누군가의 조그만 손이
내 손에 힘껏
붙잡혀 있음을
깨달았다.

완결

강토가 월북을 결심했을 때

해방은 갑작스러웠다. 이강토뿐만 아니라 조선 사람 누구도 일본제국
이 그렇게 갑자기 패망할 줄 몰랐다.

준비가 안 된 것은 일본도 마찬가지였다. 괌, 사이판, 필리핀이 차례로
무너지고 오키나와도 점령당해 도쿄까지 공습에 처한 상황이었지만, 일
본은 미국과 협상의 여지가 있을 것이라고 생각했던 것 같다. 그러나 승
기를 잡은 미국은 협상 대신 원자폭탄을 선택했다. 1945년 8월 6일 히로
시마, 그로부터 사흘 뒤인 9일에 나가사키에 또 한 차례 원폭이 터지자
일왕은 8월 10일 무조건 항복하겠다고 했다.

한편, 1945년 5월 8일 독일로부터 항복을 받아낸 소련은, 히로시마에
원폭이 투하되자 일본을 상대로 재빨리 선전포고를 하고, 8월 9일 군대
를 조선 반도로 급파했다. 미국은 다급해졌다. 일본과의 전쟁이 마무리
되지 않은 상태(항복 조인식은 9월 2일)에서 반도가 소련에 의해 송두리째
공산화가 될 위기에 처한 것이었다. 선수를 뺏긴 미국은 38도선을 경계
로 이북은 소련이, 이남은 자신들이 맡아 일본군을 무장해제하자고 제안
했다. 갑작스러운 패망으로 안전한 귀국조차 준비하지 못하고 있던 일본
은 자국인 철수의 안전을 보장받을 수 있다면 어느 쪽이든 상관없었다.
결국 국공 내전으로 아직 반도에 신경 쓸 여력이 없었던 중국을 제외한

3자, 미국, 소련, 일본이 우리의 운명을 결정해버렸다.

　남과 북으로 분할한 미·소 양군은 명목상으로는 해방군이었지만 실제로는 점령군이었다. 공산주의자 김일성을 앞세운 소련은 북조선인민위원회를 조직하여 빠르게 공산국가 체제를 갖추어나갔다. 한편, 반공반소 국가 수립을 목표로 한 미국은 이승만과 지주 명망가, 친일 인사가 주력인 우익 정당 한국민주당을 중심으로 단독정부 수립 준비에 박차를 가하고 있었다. 이 과정에서 김구, 여운형 등 많은 사람이 암살당했고 남조선노동당(남로당) 박헌영 등 공산주의자들은 대거 월북한다.

　이즈음 그림으로 혁명을 꿈꾸던 이강토도 평양으로 갔다.

6·25 전쟁과 강토의 시련

　우리의 힘으로 이루지 못한 해방의 대가는 너무나 컸다. 분단의 아픔으로도 모자라 피비린내 나는 동족상잔의 비극을 겪어야 했다.

　쟁쟁한 경쟁자들을 물리치고 남과 북의 정권을 거머쥔 이승만과 김일성은 각자 통일의 주역이 되고자 했다. 1949년 10월 10일 중국 대륙에 중화인민공화국이 선포되자, 김일성은 박헌영과 함께 남침의 허락을 얻기 위해 소련의 스탈린에게로 달려갔다. 미국과의 직접적인 충돌을 우려한 스탈린은 반대했다. 이승만도 '북벌통일'을 공공연하게 주장하며 미국에 병력을 증강하고 무기를 제공해줄 것을 요청했다. 그러나 소련과의 충돌을 바라지 않았던 미국은 '대통령이 명령만 내리면 바로 북한을 통일하겠다'는 신성모 국방부장관의 망언을 빌미로 전차와 전투기, 곡사포와 대전차포도 거의 압수해버렸다.

　그러던 중 1950년 1월 12일, 타이완의 동쪽 즉, 일본 오키나와와 필리핀을 연결하는 선을 미국의 극동방위선이라고 선포한 '애치슨 선언'이 전쟁에 결정적이었다. 소련은 최신 전차 T34 250대, 폭격기 200여 대와 각종 화포 등을 제공하고, 중국은 정예 조선인 부대 4개 사단을 지원했다. 전쟁 준비를 마친 김일성은 6월 23일 38선 인근에 병력 배치를 끝냈다. 그런데 어찌된 일인지 정보국에서 북한이 남침을 준비한다는 정보를 수 없이 보냈음에도 미국과 남한의 수뇌부는 무시했다. 심지어 6월 25일 일요일을 맞은 장병들의 휴가 외출 요구를 허락하여 절반 이상의 병력이 전선에서 떠나 있었다.

참혹한 희생으로 치러진 3년간의 전쟁은 사람들의 가슴속에 원한을 남겼고, 한반도는 38선 대신 비무장지대(DMZ)로 분단되었다. 북한의 조선인민군으로 전쟁에 참가했던 이강토는 거제 포로수용소에서 남한으로 전향한다. 혁명의 꿈을 실현해줄 것으로 믿었던 공산주의는 이념일 뿐, 실제는 그저 인간의 또 다른 욕망과 모순이었음을 깨달은 것이다.

혼돈의 전후 시대

전쟁이 남긴 상처는 엄청났다. 나무껍질과 풀뿌리로도 허기진 배를 채우지 못한 사람들이 도시로 몰려들었다. 도시라고 일자리가 있을 리 만무했다. 시장이나 술집 같은 소비 시설밖에 남지 않은 도시에서 남자는 지게꾼, 소년들은 구두닦이나 신문팔이, 여자는 술집 작부, 소녀들은 식모살이도 마다하지 않았다. 가족이 생긴 이강토 또한 무슨 일이든 해야 했다. 그러나 공산주의자 전향수에게 사회는 냉혹했고 당국의 감시는 매서웠다. 가장 노릇을 하지 못하는 백수 화가가 할 수 있는 것은 절망뿐이었다. 그러나 사회는 더 깊은 절망 속에 허덕이고 있었다.

전쟁을 틈타 정치 권력을 강화해 독재자가 된 이승만은 국내 경제의 50퍼센트를 넘나드는 미국 원조를 바탕으로 경제 권력까지 장악해 신흥 재벌을 키웠다. 정경유착으로 뭉친 이들의 권력은 더욱 공고해졌고, 반대 세력과 일반 국민에게 이들은 괴물이 되어 있었다. 1956년 정·부통령 선거에서, 한때 사회주의 운동을 하다가 전향해 '민족자본 육성과 평화통일'을 주장하는 조봉암은 부정부패와 전쟁으로 인한 경제적 파탄에 신물이 난 국민에게 한줄기 희망이었다. 그러나 돈과 권력, 깡패를 동원해 조봉암의 유세장을 유린한 이승만이 당선되었다. 정적(政敵)으로 성장한 진보당의 조봉암에게는 간첩 혐의가 씌워졌다. 법원은 사형을 선고했고, 조봉암과 진보당의 재심을 기각한 바로 다음 날 전격 사형을 집행했다. 이 강토의 희망도 사형장의 이슬과 함께 사라졌다.

이승만과 자유당 권력자들은 1960년 3월 15일 정·부통령 선거에서 더욱 과한 욕심을 부렸다. 사상 유래 없는 부정선거로 부통령 이기붕의 득표율이 100퍼센트가 넘는 웃지 못할 상황까지 벌어졌다. 2·28 대구 학생의거로 시작된 '3·15 부정선거 규탄 시위'는 1, 2차 마산항쟁, 4·18 고려대생 시위를 거쳐 4월 19일 서울대생들을 비롯해 서울 시내 학생들이 대거 합류해 10만 명이 모인 대규모 시위로 번졌다. 시위대가 경무대 쪽으로 방향을 잡자 경찰의 발포로 '피의 화요일'이 시작되었다. 4·19 혁명의 서막이 오른 것이다. 하루 종일 서울 곳곳이 피로 물든 이날, 부산과 광주를 포함해 123명의 꽃다운 청춘이 목숨을 잃었다. 그리고 곧 이승만이 무릎을 꿇었다. "국민이 원한다면 물러나겠다." 그러나 학생들의 피로 일군 '4월 혁명'은 미완의 혁명이었다.

강토의 혁명도 미완인 채 혼돈 속으로 빠져들었다.

군사 독재의 시대의 서막

1961년 5월 16일 새벽 0시 15분경, 소장 박정희가 앞장서 군인 3,600 여 명이 서울로 진격했다. 쿠데타는 전광석화와 같았다. 서울에 진입한 지 다섯 시간 만에 육군본부, 경찰치안국, 정부청사, 시청, 방송국까지 장악한 군은 곧 국가재건최고회의(의장 박정희)를 통해 국정을 장악하고 내각을 구성해 쿠데타를 완성했다. 늙고 부패한 극우반공 세력을 밀치고 젊은 엘리트 친일반공 군인들이 전면에 나선 것이다. 해방 후 극심한 좌우대립과 이승만의 독재정권, 그리고 무능한 장면 정권에 지쳐 있던 국민은 차라리 패기 있는 군인들에게 기대하는 분위기가 역력했다. 그러나 배고픔을 해소하는 대신 자유를 포기해야 하는 걸 깨닫는 데는 오래 걸리지 않았다.

박정희는 쿠데타에 성공하자마자 김종필을 통해 중앙정보부를 창설했다. 중앙정보부는 미국의 CIA와 FBI를 합쳐놓은 것과 같은 막강한 힘으로 각계의 주요 인사, 학생운동의 리더 등 진보 진영의 정치인은 물론이고, 자신들에게 우호적인 정치인들과 고위 공무원까지도 감시망 위에 놓고 통제했다. 중앙정보부는 반공법과 국가보안법이라는 강력한 두 개의 법을 무기로 박정희 정권의 '공작 정보정치'를 지탱하는 수호신이었다.

허영만 화백이 '왜 박정희 시대를 그리지 않았느냐'는 독자의 질문에 답변했듯이, 당시는 백주대낮에도 반공법과 국가보안법에 걸리면 앗 소리 못하고 끌려가는 시절이었다. 한번 끌려가면 돌아오지 못하는 건 당연했고, 나머지 식구들까지 연좌제에 걸려 평생 고통을 당해야 했다. 이처럼 서슬 퍼런 군사정권의 독재는 거침없고 치밀했다.

이강토는 절망했다. 그러나 그의 자질을 이어받은 아들 석주가 있었다.

아들 석주의 20대 시절

1979년 10월 27일 새벽, 모든 신문과 방송이 박정희 대통령의 서거 소식으로 도배되었다. 야권의 정치인과 재야 지식인, 학생들은 환호했지만 국부의 죽음에 통곡하는 사람들도 적지 않았다. 이승만이 해방 후 12년간 독재를 하면서 동족상잔과 배고픔만을 남긴 것에 비해, 박정희는 17년간 냉혹한 독재자로 장기 집권하면서도 네 차례 경제개발계획을 실행해 산업화의 기틀을 마련하고 강력한 새마을운동으로 농촌을 근대화시켰다. 그런 이유로, 친일 전력과 쿠데타를 일으켜 권력을 찬탈한 독재자라는 오명에도 불구하고 사람들은 박정희를 애도했다.

일반 국민이 계엄령 속에서 대통령 서거를 애도하고 있을 때 정치권은 차기 권력을 향해 숨 가쁘게 움직이고 있었다. 새 공화당 총재로 선출된 김종필은 야당의 신민당 총재 김영삼을 만나 유신 시대에 연금된 김대중 등 재야인사들을 복권시키며 군사 독재에 숨통을 텄다. 그러나 유신 체제를 유지하려는 신군부 세력의 움직임은 빠르고 조직적이었다. 1979년 12월 12일, 전두환 보안사령관 겸 계엄사 합동수사본부장은 육사 11기 동기생들인 노태우, 정호용 소장 등과 함께 순식간에 군을 장악했다. 허수아비 대통령인 최규하는 안중에도 없었다. 정승화 육군참모총장을 체포하는 것으로 쿠데타는 간단히 끝나버렸다. 전두환은 언론을 통제한 상태로 군부만 장악한 채 권력의 전면에 나타나지 않았으므로 일반인은 신군부가 쿠데타를 일으켰다는 사실도 잘 몰랐다.

전두환이 서서히 발톱을 드러낸 것은 1980년 4월이었다. 유신 시대에 절대 권력을 움켜쥐고 있던 중앙정보부장 서리가 되면서 기존의 보안사 령관 겸 계엄사 합동수사본부장을 겸하며 핵심 권력을 모두 손에 넣은 것이다. 설마 했던 정치권과 학생들은 그제야 정권을 장악하려는 신군부 의 의도를 알아차렸다. '서울의 봄'을 빼앗긴 학생들의 시위는 격렬했다. 그러나 신군부는 5월 17일 쿠데타로 헌법을 유린한 다음 학생들의 저항 을 군홧발로 짓밟아버렸다.

모두가 숨죽이고 있을 때 광주가 저항했다. 1980년 5월 광주에서는 사 망자 166명, 행방불명 65명, 부상자 400여 명이 발생했다(5·18 광주유족 회 발표). 이 사실은 철저히 통제되어 한동안 국민 중 광주 항쟁을 아는 사람은 극소수에 불과했다. 매년 5월 18일, 그날이 오면 학생들은 숨죽 여 애도했다. 그러다가 1987년 1월 박종철 고문치사 사건이 6·10 항쟁의 도화선이 되어 시위가 일파만파로 퍼졌다. 박종철 고문치사 사건 축소은 폐를 규탄하고 민주헌법 쟁취를 요구하는 목소리가 전국을 뒤덮었다. 6월 29일 신군부는 전격 무릎을 꿇었다. 민정당 대통령 후보인 노태우가 대 통령 직선제 개헌을 포함한 8개항의 시국 수습안을 발표했다. 시민의 위 대한 승리, 바로 6·29 선언은 이렇게 피로 쟁취된 것이다.

38선 이남

1945년	8월 6일	미국, 히로시마에 원자폭탄 투하. 9일 나가사키에 원자폭탄 투하
	15일	해방. 일본, 연합군에 무조건 항복 (9월 2일 미주리호에서 항복 문서 조인).
	16일	여운형 주도로 조선건국준비위원회 출범
	9월 2일	미국과 소련의 38선 분할
	6일	조선건국준비위원회에서 조선인민공화국 선포
	9일	미군, 서울 입성, 총독부 건물 접수
	16일	한국민주당 창당. 박헌영, 조선공산당 창당
	10월 16일	이승만 귀국
	11월 5일	조선노동조합전국평의회 창립(223개의 전국 지부)
	12일	여운형, 조선인민당 창당
	23일	김구 등 임시정부 요인 1진 귀국
	12월 8일	전국농민조합총연맹 결성
	27일	동아일보의 신탁통치 가짜 뉴스 보도 사건. 모스크바 3상회의(미·영·소 외상)에서 조선 신탁통치 합의
	31일	전국 신탁통치 반대 시위
1946년	1월 15일	남한국방경비대 창설
	25일	미 군정, 식량 공출령 발동

38선 이북

1945년	8월	6일	미국, 히로시마에 원자폭탄 투하. 9일 나가사키에 원자폭탄 투하
		8일	소련, 두만강 넘어 한반도 진주(대일 선전포고)
		15일	해방. 일본, 연합군에 무조건 항복.
		25일	소련군 제25군, 평양 입성
	9월	2일	미국과 소련의 38선 분할
		6일	평남건국준비위원회, 조선인민공화국 수립 발표
		13일	조선인민공화국, 소작료 3:7제 선포(미군정은 10월 5일 3:1제 공포)
		19일	김일성 등 귀국(원산항)
	10월	13일	조선공산당북조선분국 창설
		14일	김일성 환영 평양 군중대회 개최
		28일	북조선5도행정국 발족
	11월	1일	조선공산당 기관지 《정로》 발행(1946년 9월 1일 《로동신문》으로 개명)
		23일	신의주 반공·반소 학생의거
	12월	13일	조선독립연맹 김두봉 등 간부 일행 평양 도착
		17일	조선공산당 북조선분국 제3차 확대집행위원회 (김일성 책임비서 취임)
		22일	평남인민위원회, 부재지주 토지의 매매금지 발표
		27일	모스크바 3상회의(미·영·소 외상)에서 조선 신탁통치 합의
1946년	1월	2일	조선공산당 북조선분국, 독립연맹, 민주청년동맹 등 모스크바 3상회의 지지 성명 발표
	2월	8일	북조선임시인민위원회 수립(위원장 김일성)

38선 이남			
1946년	2월	1일	비상국민회의 설립
		15일	민주주의민족전선 결성. 소련 군정 종식 선언
	3월	20일	제1차 미·소 공동위원회 개최
	5월	15일	수도경찰청장 장택상, 정판사 위조지폐 사건 발표
		23일	38선 통행금지
	6월	3일	이승만 정읍 발언(남한 단독정부 수립)
	7월	25일	좌우합작위원회 출범(여운형, 김규식, 안재홍 등)
	9월	23일	전국 노동자 총파업
	10월	1일	대구에서부터 10월 항쟁 발발(전국 230만 명 참여)
	11월	23일	남조선노동당 창립(조선공산당, 남조선신민당, 조선인민당 3당 합당)
		30일	서북청년회 결성
	12월	12일	남조선과도입법의원 개원
1947년	5월	21일	제2차 미·소 공동위원회 개최
		24일	여운형·백남운, 근로인민당 창당
	7월	19일	여운형 암살
	8월	11일	미 군정, 좌익 인사 1,000여 명 검거 선풍
	9월	21일	대동청년단 결성
	10월	6일	좌우합작위원회 해산
		21일	제2차 미·소 공동위원회 결렬. 미국이 한국 문제를 유엔으로 이관
	11월	14일	유엔 총회, 남북총선거를 통한 정부 수립 결의, 한국임시위원단 파견
	12월	2일	장덕수 암살
		20일	김규식, 민족자주연맹 결성

38선 이북

1946년	3월	1일	평양 장대현교회에서 반공·반소 기도 및 시위
		5일	북조선임시인민위원회, 토지개혁법령 공포
		20일	제1차 미·소 공동위원회 개최
		25일	북조선예술총동맹 결성 (10월 북조선문학예술총동맹으로 확대·개편)
	5월	23일	38선 통행금지
	6월	6일	조선소년단 창설
		20일	중앙보안간부학교 개교
		24일	'노동자 및 사무원에 대한 노동법령' 발표
	7월	25일	좌우합작위원회 출범(여운형, 김규식, 안재홍 등)
		30일	'조선 남녀평등권에 대한 법령' 공포
	8월	28일	북조선노동당 창립(주요 산업 국유화 선언)
	10월	1일	김일성종합대학 개교
	11월	3일	도·시·군 인민위원회 선거 실시
1947년	1월	1일	김일성 신년사 〈전국 인민에게 고함〉 발표
	2월	20일	북조선인민위원회 창설
		21일	제1차 북조선인민위원회 개최(의장 김두봉)
	4월	4일	천도교청우당 제1차 전당대회 개최
	5월	21일	제2차 미·소 공동위원회 개최
	10월	12일	만경대혁명학원 개교
		21일	제2차 미·소공동위원회 결렬. 미국, 한국 문제를 유엔으로 이관
	11월	14일	유엔 총회, 남북총선거를 통한 정부수립 결의, 한국임시위원단 파견
		20일	임시헌법위원회 제1차 회의 개막
	12월	1일	화폐개혁 단행

대한민국		
1948년	2월 7일	남한에서 단독정부수립 반대 운동 점화
	26일	유엔소총회, 남한만의 단독선거 결의
	4월 3일	4·3 제주항쟁 발발
	19일	남북대표자 연석회의 평양 개최(~26일)
	5월 10일	남한 단독 총선거
	14일	북한에서 송전 중단
	7월 17일	제헌국회, 대한민국 헌법 공포(국회의장 신익희)
	8월 15일	대한민국 정부 수립 (대통령 이승만, 국무총리 이범석, 대법원장 김병로)
	9월 1일	반민족행위처벌법 제정(9월 22일 공포)
	5일	대한민국 육군과 해군 발족
	10월 19일	여수·순천사건 발발
	12월 1일	국가보안법 공포
	10일	한미경제원조협정 체결
	19일	대한청년단 결성(우익청년운동단체 통합)
1949년	1월 8일	반민족행위특별조사위원회, 친일행위자 순차 검거 (박흥식, 이종형, 최린, 노덕술 등)
	5월 20일	국회 프락치 사건(김약수, 이문원, 노일환 의원 등 13명 체포)
	6월 6일	친일 경찰의 반민특위 테러 만행
	21일	농지개혁법 공포
	26일	백범 김구 암살
	29일	미군 철수

조선인민민주주의공화국

1948년	2월	8일	조선인민군 창설
		10일	조선민주주의인민공화국 헌법 법안 발표
		26일	유엔소총회, 남한만의 단독선거 결의
	3월	16일	북·중 비밀 군사협정 체결
	4월	19일	남북대표자 연석회의 평양 개최(~26일)
		29일	인민회의 특별회의, 헌법 초안 채택
	8월	21일	남조선인민대표자대회 개최(해주)
		25일	최고인민회의 대의원선거 실시
	9월	8일	제1차 최고인민회의 개최(헌법 채택)
		9일	조선민주주의인민공화국 정부 수립(수상 김일성)
	11월	20일	공민증 교환 및 신분증 등록 사업 개시
	12월	25일	소련군, 한반도에서 완전 철수
1949년	1월	23일	평원선 전철 개통
		28일	제2차 최고인민회의 개최
	6월	25일	조국통일민주주의전선 결성대회 개막
		30일	남북노동당연합위원회 개최, 합당 후 조선노동당으로 결성
	7월	9일	조국전선 기관지《조국전선》창간
	10월	6일	중화인민공화국 외교관계 수립(10월 1일 중화인민공화국 수립)

대한민국		
1950년	1월 12일	미 국무장관 에치슨, 극동에서의 미국 방위선 '에치슨 라인' 발표
	26일	한미상호방위원조협정 체결
	3월 10일	국회, 유상매입 유상분배 원칙의 농지개혁법안 통과
	6월 25일	한국전쟁 발발
	28일	조선인민군 서울 점령. 이승만 정부, 한강 인도교 폭파로 800명 사망
	29일	보도연맹원을 비롯한 좌익 인사에 대한 무차별 체포·학살
	9월 28일	연합군, 서울 탈환
1951년	1월 4일	1·4 후퇴
	17일	서울 재함락
	2월 10일	거창양민학살사건
	3월 14일	서울 수복
	7월 10일	정전회담 개시(개성)
	12월 17일	자유당 창당(이범석)
1952년	5월 7일	거제도 포로수용소 폭동 사건
	26일	부산정치파동(개헌파동)
	7월 4일	발췌개헌안 국회 통과
1953년	1월 4일	노동조합법, 노동쟁의조정법, 근로기준법 국회 통과
	2월 15일	제1차 화폐개혁
	6월 18일	이승만, 반공포로 석방
	7월 27일	휴전협정 체결(한국 불참)
	8월 5일	판문점에서 남북 포로교환 시작
	10월 1일	한미상호방위조약 조인

조선인민민주주의공화국

1950년	6월 18일	김일성, 전군 전투태세 완료. 비밀 명령 하달
	25일	한국전쟁 발발
	28일	조선인민군 서울 점령.
	10월 19일	북한 정부 신의주로 이동(국군, 평양 점령)
	25일	중국 인민지원군 참전
1951년	1월 4일	조선인민군, 서울 재점령
	31일	부수상 겸 산업상 김책 사망
	4월 15일	외무상 박헌영, 한국전 평화 해결을 유엔에 요청
	7월 10일	정전회담 개시(개성)
1952년	1월 5일	유엔 가입 신청서 제출
	4월 12일	만경대와 보천보에 김일성기념관 설립
	6월 24일	'미제반대투쟁의 날' 평양시 보고대회 개최
	9월 14일	유엔 공군, 평양 폭격
1953년	2월 7일	김일성 원수 칭호 부여
	7월 27일	휴전협정 조인
	8월 3일	이승엽 일파 간첩사건 공판 진행관
	7일	평양방송, 박헌영 등 남로당계 인사 12명 숙청 발표
	25일	남북한 정치문제회담에 관해 성명 발표(외무상 남일)
	9월 1일	김일성, 전후 복구 원조 요청 차 소련 방문
	20일	북·소 부흥원조협정 체결
	11월 13일	평양 복구지원을 위한 중국 건축기술자 평양 도착(770명)

대한민국		
1954년 5월	소설 〈자유부인〉 논쟁	
5월 20일	제3대 민의원 선거	
11월 29일	사사오입개헌	
1956년 5월 5일	신익희, 호남지방 유세 도중 사망	
15일	제3대 정·부통령 선거(대통령 이승만, 부통령 장면 당선)	
1958년 1월 13일	조봉암과 진보당 간첩 혐의 구속 사건	
5월 12일	제4대 국회의원 선거에서 자유당 압승	
12월 24일	국가보안법 및 지방자치법 개정안을 날치기로 통과(자유당)	

조선인민민주주의공화국		
1954년	4월 20일	최고인민회의 제1기 7차회의 개최 (인민경제 전후복구 3개년 계획 승인)
	10월 3일	중국 인민지원군 7개 사단 북한 철수
	30일	남북한 연석회의 제안
1955년	5월 25일	재일조선인총연맹 결성(재일조선통일민주전선 해체)
	12월 15일	박헌영 사형 판결
	28일	노동당 중앙위 확대상무위원회에서 소련계 비판 (김일성 주체사상 첫 언급)
1956년	2월 2일	북한적십자사, 국제적십자연맹에 가입
	4월 23일	노동당 제3차 전당대회 개최(평화통일 선언문 채택)
	6월 1일	북한대표단 소련과 동구 방문(단장 김일성)
	7월 12일	북한적십자사, 남한에 수해 원조 제의
	8월 30일	노동당 중앙위원회 정원회의 개최(8월 종파사건 발발)
1957년		제1차 5개년 계획 개시
	6월 10일	남한에 올림픽 남북연합 선수단 파견 제안
	11월 3일	김일성, 러시아 10월 혁명 40주년 참석 차 모스크바 향발
1958년	2월 14일	중국 정부대표단, 북한 방문(단장 저우언라이)
	3월 3일	노동당 제1차 대표자대회 개최(김두봉 숙청, 천리마운동 시작)
	9월 7일	김일성에 '로동영웅' 칭호 수여
	10월 26일	중국 인민지원군 북한 완전 철수
	11월 26일	김일성·마오쩌둥 회담(중국 무한)

대한민국		
1959년	1월 22일	임화수, 대한반공청년단 조직
	2월 4일	경향신문 '여적(餘滴) 필화 사건'(4월 30일 폐간)
	7월 31일	조봉암 사형 집행
	9월 17일	태풍 사라호 엄습(924명 사망)
	10월 26일	전국노동조합협의회 결성

1959년	2월	26일	김일성·흐루쇼프 회담(소련 모스크바)
	4월	13일	북·일 적십자사 회담(스위스 제네바)
	8월	13일	재일교포 북송에 관한 협정 체결(인도 캘커타)
	9월	25일	북한 정부대표단 중국 창건 10주년 기념식 참석(단장 김일성)
	12월	16일	재일교포 첫 북송선 청진항 도착(975명, 1년 총 5만 1325명)

대한민국

1960년	2월 15일	신병 치료차 미국에 간 민주당 대통령 후보 조병옥 사망
	28일	대구 학생 부정선거 시위(대구 2·28 의거)
	3월 15일	제4대 정·부통령 선거. 마산 시위 경찰 발포로 7명 사망(3·15 마산의거)
	4월 11일	2차 마산의거(김주열 시신 발견)
	19일	4·19 혁명(당일 115명 사망. 총 184명 사망, 6,000여 명 부상)
	26일	이승만 대통령 하야
	28일	허정 과도정부 출범
	6월 15일	내각책임제 개헌안 국회 통과
	8월 23일	장면 정부 출범(제2공화국)
	12월 31일	부정선거처리법 및 반민주행위자 공민권제한법 제정
1961년	2월 8일	한미경제원조협정 체결
	25일	대한청년단 결성(우익청년운동단체 통합)
	3월 22일	2대 악법 반대 투쟁(데모규제법, 반공임시특례법)
	5월 16일	박정희 외 쿠데타(5·16 쿠데타)
	18일	장면 내각 총사퇴
	19일	국가재건최고회의 설치, 군사정권 개시
	6월 10일	중앙정보부 설치
	7월 4일	반공법 공포
1962년		제1차 경제개발 5개년 계획 시작
	3월 24일	윤보선 대통령 하야(박정희 권한대행 취임)

대한민국		
1963년	2월 26일	공화당 창당. 민간인 정치 활동 재개 허용
	27일	박정희, 대통령 불출마 선언
	7월 18일	박순천 주도하에 민주당 창당
	12월 17일	박정희 제5대 대통령 취임(제3공화국)
1964년	6월 3일	한·일 회담 반대 학생 시위(6·3항쟁)
	8월 4일	베트남 파병안 국회 통과. 이후 비둘기부대 파병
	14일	1차 인민혁명당(인혁당) 사건 조작
	9월 22일	군사 원조단 140명 베트남 파병
1965년	3월 20일	전국적인 한·일 회담 반대 투쟁
	6월 22일	한·일 기본조약 조인(대일청구권 소멸, 국교 정상화)
	8월 13일	국회, 야당 불참 속 월남 파병 동의안 가결
	14일	국회, 한·일 협정 비준동의안 야당 불참 속 가결
	22일	전국 고교생 및 대학생 1만여 명, 한·일 협정 비준 무효화 요구 시위
	26일	서울에 위수령 발동
1966년	5월 24일	삼성 이병철의 한국비료, 사카린 밀수 사건
	9월 22일	김두한, 국회에서 오물 투척
	10월 2일	대한민국 간호사 251명 서독 파견
1967년	5월 3일	제6대 대통령 선거(박정희 당선)
	6월 8일	제7대 국회의원 선거, 공화당 압승(6·8 부정선거)
	7월 8일	동백림 간첩단 사건 1차 발표

조선인민민주주의공화국

1963년	7월 25일	북한, 방북한 소련 경제대표단 냉대
	9월 19일	대외문화연락협회와 일본사회당 대표단 공동성명
	12월 10일	최고인민회의·조국전선·조국평화통일위원회 연석회의, 남북한 협상 제안
1964년	6월 9일	전군에 전투준비 명령 하달(남한에 6·3사태 발생)
	16일	아시아경제토론회, 평양 선언 채택(34개국 참가)
	8월 2일	통킹만 사건(미국, 베트남전 참전)
	9월 15일	납북 어선 33척 송환(219명)
1965년	1월 22일	남한의 월남 파병에 관한 비망록 발표
	4월 14일	김일성, 인도네시아 알리아르함 사회과학원에서 '3대 혁명역량론' 연설
1966년	8월 12일	소련과 중국노선을 배격하는 자주노선 선언(《로동신문》사설)
	12월 29일	조총련 의장 한덕수에 국기훈장 1급 수여
1967년	1월 1일	'남조선혁명' 호소(《로동신문》사설)
	19일	남한 해군 함정 격침 발표
	3월 15일	남조선해방민주족연맹 방송 개시(평남 순안)
	6월 28일	당중앙위 제16차 전원 회의 개최(유일사상 체계 확립)
	8월 26일	북·일 제1차 적십자 회담 개최
	12월 16일	김일성, 최고인민회의 제4기 1차 회의에서 10대 정강 발표

대한민국

1968년	1월 21일	북한 124군부대 청와대 기습
	23일	북한이 미국 정보선 푸에블로호 납치
	2월 1일	강남 개발. 경부고속도로 기공식
	8월 24일	통일혁명당(통혁당) 사건 발표
	10월 30일	울진·삼척 무장 공비 침투 사건
	12월 5일	국민교육헌장 선포
1969년	7월 25일	닉슨 독트린 발표
	9월 14일	대통령 3선 개헌안(국회 날치기 통과)
1970년	6월 2일	김지하 '오적' 필화 사건
	7월 7일	경부고속도로 개통
	8월 15일	남북평화통일에 관한 8·15선언 발표
	11월 13일	전태일 분신
1971년		새마을운동 시작
	7월 1일	제7대 대통령선거(박정희 당선, 김대중 40대 기수론)
	8월 19일	서울대학교 문리대 교수들, 대학 자유화 요구 선언 발표
	20일	남북적십자 대표 회담
	23일	실미도 사건
1972년	7월 4일	7·4 남북 공동 성명
	10월 17일	박정희 유신 쿠데타
	12월 27일	유신헌법 공포

조선인민민주주의공화국		
1968년	1월 21일	청와대 습격
	23일	미국 정보선 푸에블로호 나포
	9월 3일	조국전선·조국평화통일위원회, 북한 정권 20주년 기념 대남 호소문 발표
	11월 25일	남한의 통일혁명당 사건 판결을 규탄하는 평양시 집회 개최
	12월 13일	푸에블로호 승무원 83명 석방(시신 13구 포함)
1969년	4월 15일	인민군, 미 해군 정찰기 격추(31명 사망)
	8월 25일	통일혁명당 창설 발표
	11월 19일	제24차 유엔 총회 정치위원회, 외국군 철수안·유엔 한국통일부 흥위원단 해체안·한국문제토의종결안 부결에 대한 비난 성명
1970년	2월 14일	KAL기 승객 판문점 송환 발표(69년 12월 11일 납치)
	11월 2일	노동당 제5차 대회 개최(김일성 당중앙위 총비서 추대)
	9일	김일, 노동당 제5차 대회에서 인민경제 6개년 계획 보고
1971년	4월 12일	최고인민회의, 제4기 5차 회의에서 8개항 통일 방안 제시 (외무상 허담)
	6월 25일	반미공동투쟁의 날 평양시 군중대회 개최
	9월 20일	남북적십자 제1차 예비회담 개최(판문점)
	11월 16일	북·일 우호촉진위원연맹 결성
1972년	2월 21일	닉슨 방중, 미·중 공동성명 발표
		남북적십자, 예비회담 제1차 실무자 회의 진행
	4월 15일	김일성 탄생 60주년 기념행사(민족 대명절로 지정)
	5월 2일	김일성, 남한 이후락 정보부장과 극비 회담
	7월 4일	7·4 남북 공동성명 발표

대한민국		
1973년	8월 8일	김대중 도쿄 납치 사건
1974년	1월 8일	긴급조치 1호 발령
	4월 3일	긴급조치 4호 발령(민청학련 사건 조작)
	8월 15일	서울 지하철 1호선 개통. 육영수 피격 사망
	22일	신민당, 당수에 김영삼 의원 선출
1975년	3월 24일	철원의 제2땅굴 발견
	4월 9일	인혁당 사건 관련자 8명 사형(대법원 확정 판결 18시간 만에 집행)
	5월 13일	긴급조치 9호 발령(언론·표현의 자유 원천 봉쇄)
	8월 17일	장준하, 의문의 추락사
	11월 22일	김기춘, 학원 침투 간첩단 사건 조작
1976년	8월 18일	판문점 도끼 만행 사건 발생
1977년	12월 22일	수출 100억 달러 달성

1973년	2월 10일	'3대 혁명 소조 운동' 개최
	21일	국제의회연맹 가입 신청
	5월 7일	세계보건기구 가입
	6월 23일	김일성, 조국통일5대강령 발표
	8월 28일	김대중 납치 사건을 이유로 남북조절위원회에서 논의한 남북대회 거부
	9월 5일	평양 지하철 개통
1974년	2월 11일	노동당 중앙위원회 제5기 8차 전원회의 개최 (김정일 중앙위 정치위원에 선출)
	3월 20일	최고인민회의 제5기 3차 회의 개최 (세금 완전 폐지, 대미 평화협정 제의)
	4월 14일	김정일, 유일사상의 10대 원칙 제안
	9월 16일	국제원자력기구 가입
	10월 17일	유네스코 가입
	11월 15일	제1남침 땅굴 발견
1975년	2월 11일	노동당 중앙위원회 제5기 10차 전원회의 개최 (3대 혁명 과업 지도 사업 정형화)
	4월 18일	김일성 · 마오쩌둥 18년 만의 회담
	8월 5일	남한 단독 유엔 가입안 제출 비난 성명(외무성)
	25일	북한 비동맹회의 가입(남한 가입 부결)
1976년	8월 18일	판문점 도끼만행 사건 발생
	20일	김일성, 8·18 사건 관련 전군 전투태세 발령
1977년	1월 25일	제정당·사회단체 연석회의 남북정치협상 제안
	8월 1일	200해리 경제수역 선포
	11월 14일	유엔식량농업기구 가입

1978년	1월 14일	영화배우 최은희 납북(7월 영화감독 신상옥도 납북)
	7월 6일	박정희, 통일주체국민회의에서 제9대 대통령으로 선출
1979년	10월 7일	김형욱 전 중앙정보부장, 파리서 의문의 실종
	16일	부산대 학생들의 시위로 부마항쟁 시작
	26일	김재규 박정희 대통령 저격(10·26 사태)
	12월 12일	전두환 등 신군부 쿠데타(12·12 사태)
1980년	5월 17일	전국비상계엄선포(전국대학 휴교령).
	18일	광주민주화 운동(5·18 광주민중항쟁)
	30일	국가보위비상대책위원회 설치
	8월 16일	최규하 대통령 하야
	27일	전두환이 통일주체국민회의에서 제11대 대통령으로 당선 (9월 11일 취임)
	10월 27일	대한민국 제8차 개정 헌법(제5공화국 헌법) 공포
	11월 14일	언론통폐합 조치 발표

조선인민민주주의공화국		
1977년	12월 10일	김일성, 독일식 통일 방안 반대(동독 수상 호네커 방문 환영식장)
1978년	3월 19일	북한적십자회, 남북적십자 제26차 실무회의 무기한 연기
	4월 18일	사회주의노동법 채택
	26일	창군기념일 변경(1932. 4. 25)
	9월 2일	평양-원산 고속도로 개통
	12일	김일성, 중국 부수상 덩샤오핑과 평양에서 회담
1979년	2월 5일	조국전선, 민족통일준비위원회 발족 제의
	4월 24일	제35회 세계탁구선수권대회 개막(평양)
	5월 2일	쿠르트 발트하임 유엔사무총장 북한 방문(김일성과 회담)
1980년	2월 6일	남북 총리회담을 위한 남북실무자 대표회담(판문점)
	4월 18일	남북 총리회담 실무대표회담 개최
	6월 5일	광주민주항쟁 희생자 추모를 위한 평양 시민 합동 추모회 진행
	9월 24일	남북 총리회담을 위한 실무 대표 접촉 중단 발표
	10월 10일	노동당 제6차 대회(김정일 공식 후계자 지명)

대한민국		
1981년	3월 3일	전두환, 대한민국 제12대 대통령 취임
1982년	1월 5일	24시부터 야간 통행 금지
	3월 18일	부산 미국 문화원 방화 사건
1983년	9월 1일	대한항공 007편 소련 상공에서 격추(269명 전원 사망)
	10월 9일	아웅산 묘역 폭탄 테러 사건
1984년	5월 18일	5월 18일 민주화추진협의회 발족
1985년	2월 12일	2·12 총선
	9월 7일	민청학련 사건으로 김근태 구속
	20일	남북한 고향방문단과 예술공연단, 서울과 평양 교환 방문
	21일	서울과 평양에서 분단 이후 처음으로 남북 이산가족 상봉 개최

조선인민민주주의공화국		
1981년	10월 10일	고려민주연방 제시 1주년 보고대회 개최
	12월 20일	중국 수상 조자양 북한 방문(김일성 회담)
1982년	3월 31일	김일성, 〈주체사상에 대하여〉 발표
	4월 6일	김일성 주석 추대 축하 평야 10만 군중대회 개최 (주체사상탑 완성)
	15일	김일성 '공화국 영웅' 칭호 받음(70회 생일)
	9월 15일	김일성 중국 방문(후야오방, 덩샤오핑, 자오쯔양 면담)
1983년	2월 1일	김일성, 팀스피리트 훈련과 관련해 준 전시상태 선포
	4월 6일	평양-모스코바 정기 노선 취항
	10월 19일	미얀마 아웅산 암살 폭파 사건
	11월 4일	미얀마, 북한과 외교관계 단절(아웅산 폭파 사건 책임)
1984년	3월 9일	부주석 김일 사망
	5월 16일	김일성, 소련 방문
	11월 15일	제1차 남북경제회담 개최(판문점)
1985년	4월 9일	최고인민회의, 남북국회회담 제의
	6월 20일	제3차 남북경제회담 개최(판문점)
	23일	국회회담을 위한 제1차 예비 접촉(판문점)
	8월 27일	제9차 남북적십자회담(평양)
	9월 18일	남북적십자 실무 회의 재개(판문점)
	20일	남북이산가족 고향 방문단 및 예술 공연단 첫 공식 상호 방문
	10월 4일	남한에 수재민 구호물자 전달
	12월 12일	핵확산금지조약 가입

대한민국

1986년	5월 3일	5·3 인천 사태
	10일	교사 546명, 교육 민주화 선언 발표
	9월 20일	제10회 서울 아시안게임 개막(~10월 5일)

1987년	1월 14일	박종철 고문 치사 사망 사건
	4월 13일	전두환 호헌 선언(4·13 호헌 조치)
	6월 10일	6월 민주항쟁
	29일	노태우 6·29 선언
	9월 29일	통일민주당 김영삼 총재와 김대중 고문, 대통령 후보 단일화 결렬
	10월 29일	대한민국 헌법 개정(제9차 개정헌법)
	11월 29일	대한항공 KAL858기 폭발 사건(115명 전원 사망)
	12월 16일	대한민국 제13대 대통령 선거(노태우 당선)

조선인민민주주의공화국

1986년	4월 24일	북한 남북대화대표단 공동성명
	10월 19일	김일성, 동독 국가원수 호네커와 회담
	22일	김일성, 소련 방문하여 고르바초프와 회담
	11월 24일	대남선동 평양시 군중집회 개최
	12월 30일	김일성, 최고인민회의 제8기 1차 회의 연설 (남북한 정치군사회담 제의)
1987년	1월 15일	김만철 일가 북한 탈출
	5월 20일	김일성, 중국 방문
	7월 13일	한반도 비핵평화지대 창설 성명(외무성)
	9월 24일	일본사회당 대표단 북한 방문
	11월 29일	대한항공 KAL858기 폭발 사건(115명 전원 사망)

오! 한강(하)
독재와 투쟁 (1960년~1987년)

초판 1쇄 발행   2019년 4월 25일
개정판 1쇄 발행 2025년 2월 17일

글   김세영
그림   허영만
펴낸이   신민식

펴낸곳   가디언
출판등록 제2010-000113호
주 소   서울시 마포구 토정로 222 한국출판콘텐츠센터 419호
전 화   02-332-4103
팩 스   02-332-4111
이메일   gadian@gadianbooks.com

인쇄·제본 ㈜상지사P&B
종이   월드페이퍼㈜

ISBN 979-11-6778-144-4(04910)
      979-11-6778-142-0(세트)